Antara Reimann

RUNEN RITUALE für die alltägliche PRAXIS

Schirner Verlag

Die Ratschläge in diesem Buch sind sorgfältig erwogen und geprüft. Sie ersetzen keine ärztliche, heilpraktische oder therapeutische Behandlung. Alle Angaben in diesem Buch erfolgen ohne Gewährleistung oder Garantie seitens der Autorin oder des Verlages. Eine Haftung der Autorin bzw. des Verlages und seiner Beauftragten für Personen-, Sach- und Vermögensschäden ist daher ausgeschlossen.

Wir verzichten auf das Einschweißen unserer Bücher – **UNSERER UMWELT ZULIEBE!**

ISBN 978-3-8434-1356-5

Antara Reimann:
Runenrituale für die alltägliche Praxis

Umschlag: Elena Lebsack, Schirner, unter Verwendung von Bildern von www.shutterstock.com (siehe Bildnachweis)
Layout: Elena Lebsack, Schirner
Lektorat: Rudolf Scholz, Schirner
Printed by: Ren Medien GmbH, Germany

www.schirner.com

3. Auflage Mai 2022

INHALT

VORWORT

Runenkräfte begleiten uns Menschen schon seit vielen Hundert Jahren. Jedes Volk, jeder Stamm, jede Gruppe hatte einen Runenkundigen, der die Kräfte und Schwingungen der Runen fühlen und für die Menschen übersetzen konnte. Sehr lange wurde das Wissen über die Eigenschaften der Runen nur mündlich weitergegeben und dabei von der Sprache und den Gepflogenheiten der jeweiligen Zeit geprägt. Jede Region, jedes Volk, jede Gruppe hatte ihre eigenen Lebensumstände und Erlebnisse mit den Runen und bildete so ihre eigenen Formulierungen für die Bedeutung jeder einzelnen Rune. Die Essenz der einzelnen Rune blieb gleich, die Beschreibungen dieser Essenz wichen möglicherweise voneinander ab.

Dieses Buch soll ganz praktisch helfen, die Runenkräfte wieder ins alltägliche Leben einzubinden. Ich beschreibe darin, wie ich die Runen und ihre Kräfte in meiner mehr als zwanzigjährigen Runenpraxis erlebt habe und wie ich mit ihnen im täglichen Leben arbeite. Die für jede Rune beschriebenen Rituale sollen anleiten, einen guten und gesunden Kontakt zu den speziellen Kräften der einzelnen Runen sowie Antworten auf zentrale Fragen zu bekommen: »Welche Bedeutung hat die Rune für mein Leben?«, »Welche Auswirkungen hat es, wenn ich diese Runenkraft in mein Leben einlade?«, »Wie fühle ich mich dadurch?«, oder: »Wie macht sie sich bemerkbar?«

Diese Rituale zusammen mit dem Runenwissen machen die Wirkweisen der Runen für uns Menschen der heutigen Zeit zugänglich. Die aufgeführten Deutungen, »Übersetzungen«, mögen sich nicht in allen Bereichen mit den Formulierungen, Sichtweisen und Erfahrungen anderer Runenkundiger decken. Und doch ist es meine Wahrheit, so, wie auch Odin[1] seine eigene Wahrheit hatte.

Die Kräfte der Runen drängen zu den Menschen des 21. Jahrhunderts. Die Zeit des Versteckens ist vorbei. Für das Heilen auf allen Ebenen kann es nützlich sein, die Runenkräfte wieder nähergebracht zu bekommen. Mögen wir verstehen, welch wunderbare Unterstützung sie uns auf unserem Lebensweg sein können. Wir leben nicht mehr in Sippen, wir sind keine Wanderer mehr, wir hüten keine Herden mehr, wir jagen kein Wild mehr selbst. Und doch sind wir alle nach wie vor mit dem Wesen der Runen verbunden und stehen vergleichbaren Lebenssituationen gegenüber. Es ist Zeit, diese starken Helfer wieder in unser Bewusstsein zurückzubringen.

Antara Reimann
Neustadt (Wied), November 2018

---

1 Der nordischen Mythologie zufolge hing Göttervater Odin neun Tag kopfüber am Weltenbaum. Um zwischen den Welten die Wahrheit zu sehen, gab er eines seiner Augen hin und erhielt dafür das Wissen um die Runen.

WAS SIND RUNEN?

Runen sind, rein oberflächlich betrachtet, alte überlieferte Zeichen unserer germanischen Vorfahren. Dies würde die Bedeutung der Runen aber sehr stark reduzieren. Runen sind mehr als nur Zeichen: Sie bergen das alte Wissen um das Geheimnis des Lebens in sich. In ihnen sind heilsame Schwingungen eingewoben, die den Kreislauf des Lebens begleiten. Sie schenken uns Rat, sie lenken unsere nächsten Schritte, wenn wir bereit sind, uns ihren Kräften zu öffnen. Runen raunen leise. Wir müssen innerlich still werden, damit wir ihre klaren Botschaften empfangen können.

Die ältesten Runenfunde werden auf die Anfänge des 1. Jahrhunderts n. Chr. datiert. Das Kerngebiet der Runenzeichen erstreckte sich in Westeuropa von Österreich und der Schweiz über Deutschland und Polen bis hoch in die nordischen Länder und in Richtung Westen bis nach Großbritannien, Irland und Island. Zwar gibt es Spekulationen, die auf den Mittelmeerraum als ihren Ursprung hindeuten, verbreitet und verankert haben sich diese Runenzeichen allerdings nördlich der Alpen.

Runen bergen weise Kräfte und Erfahrungen aus mehr als zweitausend Jahren kulturellen Miteinanders. Noch heute finden wir sie auf alten Steinen, Werkzeugen oder Waffen. Auffällig ist, dass diese Zeichen keine Rundungen enthalten, was den Rückschluss zulässt, dass es allen Menschen möglich war, sie mit einfachen handwerklichen Mitteln auf einen Gegenstand zu übertragen. Runen waren somit ein »Allgemeingut« und nicht nur gebildeten Schriftkundigen zugänglich. In der Blütezeit der Runen waren die wenigsten Menschen in der Lage, Informationen schriftlich festzuhalten und weiterzureichen. Dies geschah traditionell in Form von Liedern, Sagen und Geschichten.

Unsere Vorfahren hatten eine sehr tiefe Verbindung zum Schöpfungszyklus und zur Natur. Sie wussten, dass alles ein Geben und Nehmen ist und einen Ausgleich fordert. Die Runen waren kein Gegenstand des Alltags, sondern sie dienten bei besonderen Anlässen und rituellen Handlungen als Schriftzeichen. Vor, während oder nach einem wichtigen Ereignis, etwa einer besonderen Hochzeit, einer für

die Sippe wichtigen Geburt, einer Schlacht, einer Krankheit oder der Ernte, wurden Runensteine, Runenscheiben oder auch Runenstäbe hergestellt und das, worum gebeten bzw. wofür gedankt wurde, in Runenschrift formuliert und dort eingeritzt. Besondere Ehrungen oder Bekanntmachungen wurden bei eigens dafür ausgebildeten Runenkundigen in Auftrag gegeben, damit diese Nachrichten für alle Zeit »in Stein gemeißelt« die Zeit überdauern.

Die Runen repräsentieren die verschiedenen Einflüsse auf den Lebenslauf. Alle zusammen bilden den Kreislauf des Lebens. Sie lassen uns erkennen, was für ein zufriedenes und erfülltes Leben wichtig ist, und sie helfen uns, es entsprechend zu gestalten. Neubeginn, Wachstum, Ernte, Tod und wieder Neubeginn bilden den Kreislauf des Lebens. Jedes einzelne Runenzeichen symbolisiert eine Kraft des Lebens.

Energie folgt der Aufmerksamkeit. Durch intensive Arbeit mit den Energien der Runen und dem überlieferten Glauben an diese Energien sind die Runenzeichen über die Jahrhunderte hinweg immer mehr mit dieser Kraft aufgeladen worden. Ich kann mich auf meinem Weg durchs Leben von der Schwingung der Runen lehren, leiten und tragen lassen, wenn ich die Runenkraft aktiv in mein Leben rufe.

»Runen raunen altes Wissen.« Das Wort »Rune« bedeutet in all den verschiedenen Sprachen des Runenverbreitungsgebietes sinngemäß »Geheimnis«, »altes Wissen«, »Raunen«, »Flüstern«, »geheimer Rat«. Das Werfen und Deuten der Runen als Orakel wurde von unseren Vorfahren über viele Jahrhunderte hinweg vor jeder größeren Entscheidung angewandt. Runen steuerten die Geschicke ganzer Sippen und Stämme. Es gab verschiedene Zusammenstellungen von Runen. Eines der verbreitetsten Runensets ist das sogenannte FUTHARK. Der Name FUTHARK ergibt sich aus dem Zusammenschluss der Anfangslaute der ersten sechs Runen: FEHU, URUZ, THURISAZ, ANSUZ, RAIDHO, KENAZ.

Abhängig von Zeit und Ort entstanden FUTHARKs mit einer unterschiedlichen Zahl von Runen. Unabhängig davon, in wie viele Runen der Runenkreis aufgeteilt ist – er stellt immer den Kreis des Lebens mit seinen Einflüssen dar. Somit ist es für die Wirkung der Runen unerheblich, mit welchem Runenkreis wir arbeiten. Das »Ältere Futhark« war am weitesten verbreitet und beinhaltet 24 Runen. Es bildet wegen der größten Verbreitung und des damit verbundenen Bekanntheitsgrads die Grundlage für dieses Buch.

Der Runenkreis bedient drei Bereiche unseres täglichen Lebens. Diese drei Runengruppen werden »Aettir«[2] genannt, was »Runengeschlechter« oder »Runenfamilien« bedeutet. Jedes Aett ist für einen Bereich unseres Lebens zuständig: »Einflüsse des täglichen Lebens«, »Die Naturgewalten« und »Der Mensch in seiner Entwicklung und in der Gemeinschaft«. In Bezug auf das Ältere Futhark ergeben sich drei Aettir mit je acht Runen.

Zusätzlich dienten die Runen als Zeichen für Botschaften an die Geistige Welt. Sie wurden etwa in das Fachwerk der Häuser eingearbeitet, wodurch Schutz und Wohlwollen der Geistigen Welt erbeten wurden. Für Schutz, Heilung und Unterstützung bei wichtigen Unternehmungen wurden Amulette hergestellt, in die die unterstützenden Runen entweder eingeritzt oder auf die sie gemalt wurden. Die ersten Runenamulette oder Schutzgegenstände waren keine Scheiben, sondern dünne Stäbe. Auf eine der Schnittflächen wurde die Rune geritzt. In den Anfängen wurden hierzu zumeist Zweige der europaweit verbreiteten Buche genutzt. Die Buche hilft traditionell, das Tor zur Anderswelt zu öffnen und die Verbindung zu den Vorfahren herzustellen. Das Holz der Buche ist willig und eignet sich wegen des geraden Wuchses der Äste sehr gut für die Herstellung von Runenscheiben und Runenstäben. Übrigens: Ange-

2 »Aett« ist das nordische Wort für »Familie« und zeigt die Zugehörigkeit zu einer der drei Runengeschlechter eines Runensets. Weitere Informationen dazu im Kapitel »Die Runenfamilien – die Aettir« auf Seite 23.

lehnt an jene Buchenstäbe nennen wir unsere Schriftzeichen heute »Buchstaben«.

Ich wünsche mir, dass dich diese kleine Einführung in die Historie der Runen neugierig macht, dich auf eine tiefergehende Verbindung mit den Runen einzulassen. Mit einem rituellen Kontakt zu den einzelnen Runenkräften öffnet sich für dich ein weiteres Tor zur bewussten Gestaltung deines Lebens.

ÜBER RITUALE UND DIE ARBEIT MIT RUNEN

Ein Ritual ist eine regelmäßig durchgeführte, meist traditionelle Handlung mit vorgegebenen Abläufen. Die Bandbreite von Ritualen reicht von täglichen kleinen Aufsteh- oder Einschlafritualen bis hin zur komplexen Aneinanderreihung von Handlungen im Rahmen einer Zeremonie. Auf die immer gleiche Art, einen Gürtel anzuziehen, ist bereits ein Ritual. Oder auch, jeden Tag den gleichen Weg zur Arbeit zu fahren, im gleichen Geschäft die gleichen Dinge einzukaufen.

Ein Ritual kann aber ebenso eine einmalige Aktion sein, die etwas in Bewegung bringen, etwas verändern oder helfen soll, etwas loszulassen.

Was ist der Nutzen eines Rituals? Rituale helfen uns, uns zu fokussieren, unsere Aufmerksamkeit auf das zu lenken, was gerade wichtig ist, und die Aufmerksamkeit zu halten. In der Planungsphase machst du dir Gedanken über dein gewünschtes Ziel, die Spur wird gelegt. In dem Moment seiner Durchführung wird ein Prozess in Gang gesetzt, die Entwicklung beginnt. Die meisten Menschen verbinden mit einem Ritual viel Vorbereitungsaufwand, Zubehör und Disziplin. Die Wahrheit und das Wichtigste ist jedoch, dass das Herzfeuer, die Inbrunst, mit der das Ritual durchgeführt wird, den ausschlaggebenden Impuls gibt, dass ein Ritual zum Erfolg führt. Die physischen

Hilfsmittel dienen lediglich der Unterstützung. Sie sollen dir helfen, die Konzentration zu bündeln und deine Aktion offensichtlich, also sichtbar zu machen.

Neben dem Herzfeuer, das für das Ergebnis brennt, ist die eigentliche Aktion ein weiteres wichtiges Detail eines Rituals. Ein Ritual beinhaltet immer auch eine Handlung, die der Aufgabe des Rituals und dem gewünschten Ergebnis angepasst ist. Die möglichen Aktionen reichen vom Rezitieren ganzer Verse bis hin zum tiefen Ausatmen.

In diesem Buch findest du die Runenkräfte mit Tipps und Anleitungen verbunden, die dich dabei unterstützen, diese Kräfte bewusst in dein Leben einzuladen und individuell zu erleben. Du wirst vergeblich eine Anleitung suchen, die dich anweist, dich mit einem Umhang zu bekleiden, einen Stab in die Hand zu nehmen und mit einem Athame[3] schwingend irgendwelche Anrufungen an besonderen Kraftplätzen durchzuführen. Ohne Frage haben auch diese Rituale Sinn und Wirkung, sie sind jedoch eher unüblich, wenn es darum geht, die Runenkräfte im täglichen Ablauf kennenzulernen. Stattdessen bekommst du Tipps und Hinführungen, wie du in deinem alltäglichen Berufs- und Familienleben ein Gespür für die Möglichkeiten entwickeln kannst, die du durch die aktive Arbeit mit den Runen erhalten wirst. Diese Anleitungen dienen dir dazu, Ideen zu entwickeln und den Fokus auf die jeweilige Rune zu richten, damit du sicher einordnen kannst, welche Runenkraft gerade in deinem Leben aktiv ist. Wenn du z. B. eine Tagesrune gezogen hast, findest du in der Beschreibung der Rune eine Anleitung für ein geeignetes Ritual. Es wird dich erleben lassen, was geschieht, wenn du dich bewusst mit dieser speziellen Runenkraft auseinandersetzt. Außerdem ist es ein praktisches Beispiel dafür, wie dich die Runenkraft bei deinen Plänen unterstützen kann.

Runen sind Überbringer von Botschaften aus den Geistigen Reichen. Meist werden sie als Orakel genutzt, um Tagesimpulse, Antworten

3 Beidseitig geschärfter Dolch, der häufig von Anhängern des Wicca-Kultes bei Ritualen eingesetzt wird.

auf konkrete Fragen oder auch »Große Übersichten«, bei denen die energetische Einwirkung auf die gesamten Bereiche des Lebens betrachtet wird, zu erhalten.

Runen und der Runenbeutel

Im Grunde wirken die Runen durch ihre Bestimmung und somit aus sich selbst heraus. Das Material, auf das sie »geschrieben« werden,[4] reicht von einfachen Holzscheiben und kleinen -stäben über Papierkarten, gebrannte Tonscheiben bis hin zu Flusskieseln und Edelsteinen. Die ersten Runen wurden vermutlich auf das eine Ende von dünnen Holzstäben geritzt. Wichtiger als die Optik und die Haptik ist aber stets die Intention, mit der du die Runen für dich weihst und auf dich einstimmst.

Je mehr du mit deinen Runen arbeitest, desto stärker wird die Verbindung zwischen euch. Deine Runen solltest du immer in einem nur für sie genutzten Beutel aufbewahren. Vielleicht fertigst du dir sogar einen ganz persönlichen Beutel für deine Runen an.[5]

---

4 »(to) write«, das englische Wort für »schreiben«, ist übrigens mit dem deutschen Wort »ritzen« urverwandt und erinnert an das Schreiben von Runen auf Buchenstäben und Gedenksteinen.

5 Dein Runenbeutels sollte so groß sein, dass deine geschlossene Hand darin bequem Platz hat.

Die Frage und die Legesysteme

Bevor du die Runen als Orakel befragst, musst du dir genau über die Frage im Klaren sein. Nur wenn du eine klare Frage stellst, wirst du eine Antwort mit eindeutig zuzuordnenden Hinweisen erhalten. Ich empfehle dir daher, dir die exakte Frage stets zu Beginn auf einem Zettel oder in einem Büchlein zu notieren.

Und mache dir klar, welche Antworten du benötigst. Reicht dir die Antwort der Tagesrune, die dir aufzeigt, welche unterstützenden Kräfte dir an jenem Tag zur Verfügung gestellt werden? Oder möchtest du wissen, welche Kräfte der Vergangenheit zur aktuellen Situation führten und wie diese sich weiterentwickeln wird?

Alle Legesysteme, die du aus der Arbeit mit Orakelkarten kennst, kannst du ebenso für die Arbeit mit Runen anwenden. Anstelle der Karten ziehst du einfach Runen aus deinem Beutel und legst sie auf die entsprechenden Positionen des genutzten Legesystems.

Die drei Nornen und das Ziehen der Runen

Die drei Nornen Urd, Verdandi und Skuld sind die Hüterinnen der Runenkräfte. Die mythologische Überlieferung besagt, dass sie seit Menschengedenken am Fuße der Weltenesche Yggdrasil an einem Brunnen sitzen und dort die Geschicke eines jeden Menschen in das alles mit allem verbindende Netz weben.

> Urd, die Alte, ist die Ahnin, die das Gewordene hütet, das, was aus der Vergangenheit kommt. Verdandi, die Gebärende, knüpft die Fäden für das, was gerade entsteht, das Werdende, die Gegenwart. Skuld, die Jugendliche, lenkt das Kommende, das, was aus dem gerade Gewordenen heraus entstehen wird, die Zukunft.

Wenn du die Runen befragen möchtest, dann nimm deinen Runenbeutel in eine Hand, halte die andere Hand mit der Handfläche nach oben vor dich, und schlage drei Mal den Runenbeutel in die geöffnete Hand. Rufe dabei in deinen Worten die drei Nornen an, und bitte sie um klare Antworten auf deine Frage. Lies die Frage am besten 1 : 1 von einem Notizzettel ab. Greife dann in den Runenbeutel, ziehe nacheinander die Runen für dein gewähltes Legesystem, und lege sie entsprechend aus.

Der Altar

Willst du über einen längeren Zeitraum mit einer bestimmten Runenkraft arbeiten, so empfehle ich dir die Errichtung eines besonderen »Arbeitsplatzes«, vielleicht auch eines Altars an diesem Platz. Solch ein Ort hilft dir, die entstehende Energie anzusammeln und zu verdichten.

In manchen der weiter unten aufgeführten Rituale empfehle ich dir, dir verschiedene Stellvertreter/Platzhalter (im Fachjargon »Fetisch« genannt) für deine Vorhaben, Ideen oder Wünsche herzustellen. Diese solltest du stets auf deinen Arbeitsplatz bzw. den Altar legen, damit sie im Zentrum deiner Aufmerksamkeit bleiben. Wie du deinen Altar gestaltest und wie du ihn dekorierst, ist im Grunde dir selbst überlassen. Es muss sich für dich gut anfühlen, und je persönlicher er eingerichtet ist, desto besser.

Meist stellt ein besonderes Tuch die Basis dar. Eine Kerze und/oder Räucherwerk kann dir helfen, dich bewusst mit der gewünschten Energie zu verbinden. Es ist so, als würdest du einen Lichtschalter drücken, wenn du die Kerze entzündest bzw. das Räucherwerk abbrennst. Sinnvoll ist es auch, die Rune in der Zeit des Rituals mit auf deinen Altar zu legen. Du solltest dafür keine der Runen aus deinem Runenbeutel nutzen, denn diese sollten immer als gesamte Einheit aufbewahrt werden, um die Energie gebündelt zu halten. Brauchst du für irgendetwas ein Abbild einer Rune, so stelle es extra dafür her. Es reicht aus, sie auf ein Stück Papier zu zeichnen. Du kannst die Rune auch auf ein Stück Pappkarton malen und dieses passend dekorieren. Durch deine persönlich eingebrachte Energie bekommt dieser Stellvertreter von dir zusätzlich Kraft und Ladung.

Darüber hinaus kannst du Stellvertreter für Aspekte hinzufügen, die der Rune zugeordnet werden. Dies kann etwa eine Krähenfeder (bei EIHWAZ), eine Wasserschale (bei LAGUZ) oder ein Bernstein (bei URUZ) sein, eben alles, was die Schwingung der Rune offensichtlich macht. Die Eintragungen zu Anfang einer jeden Runenbeschreibung werden dir weiterhelfen. Sie zeigen dir, mit welchen Kräften die Rune in Resonanz geht, und können dich für die Arbeit inspirieren. Wenn etwa bei einem Spaziergang eine Krähe auf sich aufmerksam macht, will auch die Rune EIHWAZ beachtet werden. Möglicherweise bekommst du während dieses Spaziergangs Einblicke in höhere Be-

wusstseinsebenen. Willst du die Energie einer Rune körperlich wahrnehmen, begib dich in die Nähe einer der ihr zugeordneten Pflanzen. Bevor du Gegenstände auf den Altar legst, solltest du sie energetisch reinigen, z. B. mithilfe einer geeigneten Räucherung oder durch das Abwischen mit Salzwasser. Prüfe allerdings, ob die entsprechenden Gegenstände die von dir gewählte Methode auch tatsächlich vertragen.
Wenn deine Arbeit mit einer bestimmten Rune beendet ist, löse den dafür errichteten Altar wieder auf. Reinige dann erneut alle Gegenstände. Danke ihnen für ihre Unterstützung, und nimm sie vom Altar herunter. Wichtig ist, dass ALLES abgeräumt wird, auch das Tuch. Solltest du es sofort wieder benutzen wollen, so räuchere es gründlich aus, schlage es danach dreimal fest aus, und puste dreimal kräftig durch das Tuch. Stelle dir dabei intensiv vor, wie das Tuch von allen Einflüssen des Rituals befreit wird. Nachdem du den Arbeitsplatz leer geräumt und energetisch gereinigt hast, ist der Platz frei für eine neue Aufgabe.

DIE RUNENFAMILIEN – DIE AETTIR

Jede Rune für sich hat eine eigene Schwingung. Jeweils acht Runen sind zu einer »Familie« oder einem »Geschlecht« zusammenfasst, das traditionsgemäß »Aett« genannt wird (in der Mehrzahl »Aettir«). Jedes Aett unterstützt einen besonderen Bereich des Lebens, und alle Runen einer Familie arbeiten Hand in Hand, um eine größtmögliche Harmonie in dem entsprechenden Bereich zu erreichen. In der nordischen Mythologie wird jedes Aett von einer Gottheit behütet, die dafür namensgebend ist.[6] In der nachfolgenden Aufstellung der Runenfamilien findest du jede zu ihr gehörige Rune samt umfangreichen Informationen.[7]

6 Für einen tieferen Einstieg in die Eigenschaften und Fähigkeiten jener Gottheiten empfehle ich dir das Buch »Wikinger – Verbinde dich mit der Kraftquelle der alten Götter« von meiner Autorenkollegin Anne-Mareike Schultz, das ebenfalls im Schirner Verlag erschienen ist.

7 Da die Runen traditionell eine andere Abfolge der Schriftzeichen haben als das Alphabet, findest du im Anhang ein Register, das dich bei Bedarf schnell zu einer bestimmten Rune führt.

1. AETT, FREYRS AETT – KRÄFTE DES TÄGLICHEN LEBENS

»Was unterstützt mich dabei, ein gesichertes Leben zu führen? Was lässt mich ein stabiles Heim und ein solides materielles Auskommen haben?«

Die zum 1. Aett gehörenden Runen zeigen, welche Kräfte ein harmonisches Miteinander ermöglichen. Sie wirken auf der materiellen Ebene und helfen dir, dein Leben auf ein gesundes Fundament zu stellen. Es geht um die Themen Ordnung, harmonisches Zusammenwirken auf der physischen Ebene, das Zuhause und die Verbindung zur unmittelbaren Umgebung. Deine persönliche Kraft ist gefragt. Die Runenkräfte dieses Aetts bringen dir das Grundsätzliche des Lebens in deinem engeren Umfeld näher. Im Blickpunkt stehen die Fruchtbarkeit deines Seins und der liebevolle Umgang miteinander im eigenen kleinen familiären Umfeld, deinem Zuhause.

Zum 1. Aett gehören die Runen FEHU, URUZ, THURISAZ, ANSUZ, RAIDHO, KENAZ, GEBO und WUNJO.

FEHU

Buchstabe:	F
Element:	Feuer
Farbe:	Feuerrot
Mineral:	Granat
Tierwelt:	Wolf, Möwe
Pflanzenwelt:	Holunder, Wegerich
Traditioneller Bezug:	Rinder, das Vieh
Eigenschaften:	materielle Fülle, Vollendung, Reichtum, Wohlstand, Geldzufluss, gute Zeit für Anschaffungen

Bedeutung der Rune

Die Kraft der Rune FEHU ist eine Feuerenergie. Mit ihrer Unterstützung werden stagnierende Situationen wieder in Bewegung gebracht. FEHU stellt die Energie zur Verfügung, die Projekte und Aufgaben brauchen, um sich zu entwickeln und zu einem guten Ende zu kommen. In erster Linie liefert dir FEHU die materiellen Bedingungen, die du zur Erfüllung deiner Pläne benötigst.

In der Überlieferung steht die Rune FEHU für das Vieh. »Je mehr Vieh ich in meinem Bestand habe, desto sicherer und sorgenfreier kann ich in die Zukunft schauen.« Das war die Überzeugung unserer Vorfahren. Heutzutage haben die wenigsten Menschen noch Vieh im Stall, um sich materiell abzusichern, stattdessen wird Fülle zumeist mit Geld oder anderem »beweglichen Besitz« in Verbindung gebracht. Unter dem Einfluss von FEHU vermehrt sich der bewegliche Besitz, etwa durch Geschenke.

Alles benötigt Energie für sein Wachstum. Die feurige Unterstützung von FEHU hilft dir dabei, standhaft zu bleiben, wenn du an dir zweifelst oder dir nicht zutraust, dir einen Wunsch zu erfüllen und dein Ziel zu erreichen. Unter der Führung von FEHU wirst du eine Steigerung deiner mentalen und deiner körperlichen Kraft erfahren und folglich deinen Alltag mit mehr Lebensfreude erleben.

FEHU unterstützt dich dabei, Unabhängigkeit in deinem Leben zu erlangen. Aufgrund der materiellen Unterstützung unter ihrem Einfluss wirst du in der Lage sein, dich neuen Unternehmungen zuzuwenden, deren Durchführung bisher mangels Geld oder Kraft in weiter Ferne lag. FEHU begleitet dich auch durch Krisen und gibt dir Mut für den weiteren Weg.

Zugleich erreichst du unter FEHU auch spirituellen Reichtum. Du öffnest dich neuen Sichtweisen und kannst vieles von einer höheren, geklärten Warte aus betrachten. FEHU lässt dich zu deiner Bestimmung finden und dich mit Menschen zusammenkommen, deren Wesen und Anwesenheit dich bereichern.

FEHU kann der zündende Funke sein, der dir bisher fehlte, um dich neuen Zielen zuzuwenden. Ihre frische Energie lässt dich mutig nach vorn schauen. FEHU nimmt dich auf dem letzten Wegstück zur Vollendung an die Hand und liefert dir die erforderliche Kraft und Ausdauer. Sie bringt dir das Glück ins Haus und eröffnet die Möglichkeit, dass du mehr erhältst, als du dir erträumt hast: Je weniger du vorgibst, desto reicher kannst du infolge ihrer Kräfte beschenkt werden.

Die Rune FEHU bedeutet Zufluss auf allen Ebenen, und ihre Kraft möchte allen Menschen dienen. Damit das, was zu dir kommt, nicht zu einem Stau des Flusses führt, ist es ratsam, die Fülle mit anderen Menschen zu teilen. Die Fülle von FEHU aufgrund übernommener Glaubenssätze oder eigener Lebenserfahrung festhalten zu wollen, bringt Verhärtungen, Angst vor Verlust und Mangeldenken mit sich. Dann entstehen Neid und Raffgier und das Gefühl, nicht genug zu bekommen. Du glaubst, dein Geld zusammenhalten zu müssen, da-

mit es dir nicht durch deine Finger rinnt. In der Folge verhärtest du mehr und mehr, und dir schwinden die Kraft und der Mut.
Lässt du es zu, dass sich FEHU frei entfalten kann, wird dies dafür sorgen, dass für alles ausreichend Energie vorhanden ist. Dies wird sich in Liebe und im Leuchten des eigenen Lebens zeigen. Lasse auch die Liebe, die dir durch FEHU geschenkt wird, in die Welt hinausfließen. Sie wird zum Wohle aller sein, die davon berührt werden. Und sei unbesorgt: Deine Geschenke werden nur an jene Menschen weitergegeben, die die Kraft von FEHU in gleicher Weise wirken lassen.
In der Talismantik zieht die Rune FEHU Fülle und Erfüllung an. Als Amulett um den Hals getragen, schützt diese Rune vor finanziellem Verlust. Auf einen Stein, eine Holzscheibe oder auch ein Stück Papier gemalt und in die Geldbörse gelegt, wird FEHU dafür sorgen, dass immer Geld nachfließt. Sie schützt ebenfalls vor Verlust der beweglichen Güter, insbesondere vor Diebstahl.
Taucht FEHU in einem Orakel auf, so deutet sie auf vorhandenes Potenzial im materiellen Bereich oder auch auf Kraftreserven hin. Außerdem zeigt FEHU eine Änderung zum Positiven innerhalb kürzester Zeit an, sofern noch nicht geschehen.

RITUAL

FEHU ist die einzige Rune, die sehr stark in positiver Weise auf die materiellen Bedürfnisse eingeht. Deshalb bietet es sich an, dass du dich während der Wirkungszeit dieser Rune bewusst um die Arbeit an deinen materiellen Bedingungen kümmerst. Deine erste Aufgabe liegt im Annehmen dessen, was FEHU dir zukommen lassen möchte. Schaue dir die Silhouette von FEHU an: Sie erinnert an einen Menschen, der beide Arme emporhebt, um vom Universum die Fülle zu empfangen.

Kommt FEHU zu dir, solltest du dir die Zeit nehmen, nachzusehen, welche Aspekte deines Lebens von Mangel geprägt sind. Notiere dir in Ruhe und ohne Wertung, in welchen Bereichen und bei welchen Projekten dir die Mittel zur Erfüllung fehlen. Wofür glaubst du, Geld zu benötigen? Welches sind deine bisher unerfüllten Herzenswünsche? Traue dich, einschränkende Gedanken hinter dir zu lassen und zu »träumen«. Alle deine Gedanken schicken Signale in das alles mit allem verbindende morphische Feld[8] und werden von den Mitmenschen aufgenommen, wenn auch meist unbewusst. Materie folgt dem Geist, und wenn du deine Visionen und Wünsche in den Äther sendest, wird dort eine Reaktion erfolgen.

Als Zweites male die Rune FEHU auf einen Zettel oder auf eine Holzscheibe, und lege diese(n) in deine Geldbörse. Der Überlieferung nach wird FEHU dir nun Geld und Erfüllung zufließen lassen. Es muss aber ein Freiraum vorhanden sein, in den etwas hineinfließen kann. Traue dich, und sei mutig, Geld auszugeben und so den Raum zu schaffen, dass neues Geld nachfließen kann. Überlege dir, welchen

8 Das morphische Feld (auch morphogenetisches Feld genannt) speichert alle Informationen unseres Handelns oder Seins. Über dieses Feld sind alle Lebewesen miteinander verbunden, sodass jede ausgesendete Schwingung von jedem Wesen empfangen wird, das mit ihr in Resonanz steht.

Wunsch du dir aus Angst vor Mangel bisher nicht verwirklicht hast. Mit der Kraft von FEHU kannst du dich jetzt trauen und den ersten Schritt machen. Überfordere dich nicht, und handle nicht kopflos. Sei aber mutig, und gönne dir etwas, was dir gefällt, was für dich von Wert ist.

Zelebriere den Einkauf. Erträume ihn dir, gestalte ihn aus, damit er dich auch wirklich erfreuen wird. Mache dir Notizen, wenn dir etwas besonders Schönes einfällt. Gönne dir einen besonderen Tag, genieße das Erleben in jedem Moment. Und bevor du losgehst, führe die unten aufgeführte tägliche Übung durch, und rufe die Kraft von FEHU an. Bitte darum, dass sie dich begleitet und dir die richtigen Impulse schenkt. Lasse anschließend die inneren Zügel los, und erfreue dich an dem, was du erreichen wirst.

Wenn du sehr wenig Geld zur Verfügung hast oder dich bei dem Gedanken, welches auszugeben, unwohl fühlst, dann denke stattdessen darüber nach, was du vielleicht nur noch deshalb in deinem Besitz hast, weil du dich einfach nicht überwinden kannst, es loszulassen und weiterzuschenken. Gibt es eine Person, die sich darüber freuen würde? Dann öffne dein Herz, verschenke, was für dich überflüssig ist, aber dem anderen Freude bereitet, und schaffe so Platz. FEHU wird ausgleichen, was gegangen ist.

TÄGLICHE ÜBUNG

Stelle dich aufrecht hin, Richtung Osten gewandt,[9] die Füße ungefähr schulterbreit auseinander. Lasse zunächst deine Arme locker neben dem Körper herabhängen. Atme ruhig und gleichmäßig ein und aus.

Hebe nun deine Arme so empor, dass sie dabei im Abstand von etwa 20 cm übereinander versetzt bleiben und du schließlich die in der Zeichnung dargestellte Position einnimmst. Jeder Arm symbolisiert einen der beiden Zweige der Rune FEHU. Sage beim Heben der Arme laut und lang gezogen »FE«. Senke dann die Arme, und sage dabei laut und lang gezogen »HU«. Führe diese Bewegungsabfolge neun Mal durch.[10] Spüre anschließend in dich hinein, denn vielleicht kannst du den Energiefluss von FEHU bereits in deinem Körper wahrnehmen.

9 Hier in Europa kommt die frische Energie vom Osten her, der Richtung für Neubeginn und Klarheit. Mit diesen täglichen Runenstellungen lädst du die Runenkraft in dein Leben ein. Stelle dich daher mit dem Körper nach Osten gewandt aufrecht hin, und empfange die neue Kraft.

10 Die Neun galt bei den Kelten als heilige Zahl der Vollkommenheit. Die Neun enthält drei Mal die (in vielen Kulturen) als heilig angesehene Zahl Drei. Aus diesem Grunde werden Runenstellungen gern neun Mal durchgeführt.

URUZ

Buchstabe:	U
Elemente:	Erde, Feuer
Farbe:	Dunkelgrün
Mineral:	Bernstein
Tierwelt:	Ochse, Lerche
Pflanzenwelt:	Heidekraut, Nessel
Traditioneller Bezug:	Rinder, der Ur (Auerochse)
Eigenschaften:	Erdung, Kraft zur Manifestation, stabile Basis, Uressenz, Gestaltung

Bedeutung der Rune

URUZ ist der Inbegriff der Uressenz, jener Kraft, die Halt und Stabilität gibt. Sie fordert dich auf, dich zu erden und eine stabile Verbindung mit Mutter Erde und deinem Leben einzugehen. Ihre Kraft gilt als die maßgeblich beteiligte bei der Entstehung der Welten. URUZ wird durch den Auerochsen symbolisiert. Betrachten wir einen Ochsen auf der Weide, so zeichnet er sich durch Standfestigkeit, Ausgeglichenheit und Ruhe aus, solange er nicht gereizt wird. Die Kraft eines Ochsen sollte stets in kontrollierte Bahnen gelenkt werden, denn ungezügelt geht er ohne Nachdenken auf sein Ziel los, ohne Rücksicht auf sich und die Konsequenzen. Deshalb ist es wichtig, dass du unter dem Einfluss der Rune URUZ regelmäßig für Erdung und Ausgleich sorgst.

Gleich einem Haus benötigen auch wir Menschen ein solides Fundament, um einen sicheren und festen Stand zu haben. Mithilfe der Kraft von URUZ gewinnst du einen festen Standpunkt. Hast du diesen erst einmal gefunden, kannst du diesen mutig verlassen und dich auf Veränderungen einlassen. Wenn du die Kraft von URUZ zu nutzen gelernt hast, weißt du, wie du immer wieder zurück in die Stabilität gelangen kannst.

Die Rune URUZ lenkt Kraft zu dir, mit der du aktiv am Leben teilnehmen kannst. Diese Rune schenkt dir die Fähigkeit, zu manifestieren, und die festen Strukturen, die du benötigst, um dich auf neue Wagnisse einzulassen. Diese Strukturen können sich auch in Form eines positiven Kontostands deines Bankkontos zeigen, wenn Geld für dich wichtig ist. URUZ schafft Materie und, wenn notwendig, auch Geldzufluss.

Schreitest du mutig auf neuen Wegen einher, so löst du infolge der gemeisterten Wagnisse frühere negative Erinnerungen auf. An ihre Stelle treten frische, positive Erfahrungen. URUZ unterstützt dich auch bei der Ahnenarbeit und dabei, ungesunde Verknüpfungen zu erkennen und zu heilen. URUZ ist keine flüchtige Energie, denn sie bringt Halt und Verwurzelung. Dadurch hilft sie dir auch, umherschwirrende Gedanken zu beruhigen und schließlich auszufiltern. URUZ ermöglicht uns Zentrierung und Fokussierung. Hierdurch können mögliche Aggressionen erkannt, gewandelt und kanalisiert als frische Energie genutzt werden.

URUZ hat neben der erdigen Kraftkomponente auch einen großen Teil Feuerenergie, die gehandhabt werden muss. Die Kombination der beiden Kräfte Erde und Feuer lässt dich deine wahren Stärken erkennen, mental wie physisch. Diese werden durch die URUZ-Kraft genährt und vermehrt. Achte darauf, dass diese Stärke harmonisch eingesetzt wird, damit sie dich nicht zu unüberlegten und hitzigen Aktionen verleitet, die eventuell mehr Schaden anrichten als Nutzen bringen. Die unter dem Einfluss von URUZ gefühlte Stärke verleitet uns leicht dazu, die eigenen Schwächen zu übertünchen und zu ignorieren. Wahre Stärke kann aber erst dann entstehen, wenn wir Schwächen als etwas Selbstverständliches und den Stärken gleichwer-

tig ansehen. Erst dann verlieren unsere Schwächen die Macht über uns. Dann fungieren unsere Schwächen als Berater und werden somit Teil unserer Stärken, die wir zum Wohle aller nutzen können. URUZ gibt die Gelassenheit und Sicherheit, diesen Prozess durchzustehen.
Die Kraft der Rune URUZ steht für sexuelle Energie, körperliche Gesundheit und schöpferische Kraft. Diese wiederum ziehen Wachstum, Macht, Vitalität und Heilung an und sorgen für Stabilität und Erdung, für ein Leben in Balance. Die Rune URUZ als Talisman getragen verbindet den Träger mit diesen Schwingungen.
Im Orakel deutet die Rune URUZ auf konkrete Manifestation von materiellen Dingen hin, die du für die Erledigung deiner Aufgaben benötigst. Sie bedeutet dir, dass es Zeit ist, dich um jene Dinge zu kümmern, die du schon sehr lange vor dir herschiebst. Ihre Erledigung wird dir leichtfallen und fruchtbaren Boden hinterlassen.

RITUAL

Die Rune URUZ kommt zu dir, um dir mehr Standfestigkeit zu verleihen, sodass du aufrecht und aufrichtig deine Position im Leben einnehmen kannst. Wie eine Eiche nur dann in den Himmel wachsen, eine große Krone tragen und einem Sturm standhalten kann, wenn sie stabile und weitläufige Wurzeln hat, so wirst auch du dem Leben und seinen Stürmen nur dann standhalten, wenn du stabile Wurzeln hast.

Verbinde dich mit Mutter Erde, um mit ihrer Unterstützung starke Wurzeln auszubilden. Suche dir zu diesem Zweck einen schönen Platz aus, vielleicht in einem Park, auf einer Wiese oder sogar im Wald. Für den Erfolg deines Rituals ist dies jedoch keine Bedingung, es gibt keine Begrenzungen. Du kannst dieses Ritual auch in der 10. Etage eines Hochhauses mitten in der Großstadt durchführen. In der Regel macht es einfach mehr Spaß, für das Ritual »draußen« an einem Lieblingsort zu sein.

Stelle dich dort aufrecht hin, die Füße ungefähr schulterbreit auseinander. Atme tief ein und aus. Lasse dir Zeit, genieße die einsetzende Entspannung. Visualisiere nun die Rune URUZ, und lade sie ein, dich mit ihrer Kraft zu fördern. Mutter Erde ist unter dir, Vater Sonne über dir. Du stehst zwischen Himmel und Erde, getragen und gehalten. Aus deinen Fußchakren[11] wächst jetzt je eine dicke Wurzel heraus und in die Erde hinein. Sie dringen ganz leicht in den Boden ein. Du spürst, wie du an Halt gewinnst und gleichzeitig deine Leichtigkeit behältst. Tiefer und tiefer wachsen die Wurzeln, so tief, wie du es wünschst. Stelle dir nun vor, wie aus diesen beiden Hauptwurzeln kleinere Nebenwurzeln herauswachsen und sich verzweigen. Aus

11 Chakren sind den Veden zufolge eine Gruppe von Stellen im menschlichen Körper, die Energie produzieren und Energieströme regulieren. Das Fußchakra zählt zu den Nebenchakren. Es befindet sich an den Fußsohlen.

diesen Nebenwurzeln wiederum wachsen haarfeine Wurzeln heraus, die sich weiter im Erdreich verzweigen. Lasse die Wurzeln so lange wachsen, wie es sich für dich gut und richtig anfühlt. Atme die ganze Zeit über ruhig ein und aus.
Spüre, wie durch die Wurzeln frische Erdenergie in deinen Körper strömt und darin emporsteigt. Erdenergie ist warm, sie wärmt und nährt dich, alle deine Zellen. Lasse diese Energie durch deinen Körper fließen und auch – über dein Scheitelchakra – hinaus in deine Aura.[12] Die Energie der Erde nährt dich nun auf allen energetischen Ebenen. Nimm wahr, wie die Erdenergie schließlich zurück in die Erde fließt, während gleichzeitig frische Energie in dich hinein nachströmt. Alles geschieht so, wie es für dich gut ist, in deiner Zeit und Menge.
Erkenne, dass du durch die Wurzeln an Halt gewinnst, ohne angebunden zu sein. Jederzeit kannst du deine Wurzeln zurückziehen und das Auftanken mit Erdenergie beenden. Ziehe hierfür deine Wurzeln sanft Schritt für Schritt zu den Hauptwurzeln zurück, um danach auch diese beiden in deine Füße zurückzuziehen. Dir steht nun sehr viel Energie zur Verfügung. Gehe anschließend ein paar Schritte auf dem Platz, wo du bist, umher. Spüre, dass deine Fußchakren weiterhin geöffnet sind und immer und jederzeit Erdenergie von Mutter Erde erhalten können. Mutter Erde trägt dich bei jedem deiner Schritte und gibt dir den Halt und die Standfestigkeit, die du im Leben benötigst.

12 Die Aura ist das Energiefeld, das in mehreren Schichten den menschlichen Körper umfließt. Je mehr Energie in der Aura vorhanden ist, desto kraftvoller und dynamischer ist der Mensch.

TÄGLICHE ÜBUNG

Stelle dich aufrecht hin, Richtung Osten gewandt, die Füße ungefähr schulterbreit auseinander. Lasse zunächst deine Arme locker neben dem Körper herabhängen. Atme ruhig und gleichmäßig.

Beuge dich vornüber, bis du die in der Zeichnung dargestellte Position eingenommen hast. Der Oberkörper soll gerade bleiben, du machst keinen runden Rücken. Sage dabei laut und lang gezogen »U«. Richte dich wieder auf, und sage dabei lang gezogen »RUZ« – mit der Betonung auf dem Z (nicht auf RU). Die Arme hängen nun wieder locker neben deinem Körper. Führe diese Bewegungsabfolge neun Mal durch. Stelle dir dabei vor, wie die Kraft eines Stieres deinen Körper erfüllt und deine Füße ganz festen Halt erfahren. Spüre anschließend in dich hinein, denn vielleicht kannst du den Energiefluss von URUZ bereits in deinem Körper wahrnehmen.

THURISAZ

Buchstabe:	TH
Element:	Feuer
Farbe:	Rot
Mineral:	Beryll
Tierwelt:	Ziege, Drossel
Pflanzenwelt:	Heckenrose, Schlehdorn, Lauch
Traditioneller Bezug:	Thors Hammer, Dornen, Thursen (Riesen)
Eigenschaften:	unbegrenzte Energie, Schutz, Chaos, Tatendrang, hohes Energieniveau, männliche Sexualität, Wandlungsimpuls

Bedeutung der Rune

THURISAZ ist die stärkste Schutzrune aus dem Runenkreis: Ihre Form erinnert an ein Axtblatt oder einen Dorn, und beide verletzen, wenn man sich ihnen ohne Bedacht oder unerlaubterweise nähert. Visualisierst du die THURISAZ-Rune mit der Spitze des Dorns von dir weg, so werden schädigende Kräfte von dir ferngehalten.

Der Überlieferung nach wirkt in dieser Rune die Kraft der »Thursen« genannten Riesen. Riesen sind nicht feingliedrig und sanft, und so ist die Kraft von THURISAZ bahnbrechend, brachial, präsent. Ohne Lenkung kann diese Kraft zerstören, was ihr in den Weg kommt. Wenn du es jedoch schaffst, diese gewaltige, überfließende Energie zu lenken und für dich zu nutzen, bist du angeschlossen an einen Strom uneingeschränkter Lebenskraft. THURISAZ gelingt es, blockierende Energiefelder aufzubrechen und wieder Bewegung zu ermöglichen.

Dein Fokus sollte immer auf der harmonischen Nutzung dieser Kraft liegen. THURISAZ wird dich nicht dabei unterstützen, andere zu unterdrücken. Solltest du es dennoch versuchen, wird ihre Kraft gegen dich arbeiten.

Trägst du die Rune THURISAZ in Form eines Anhängers, so schützt sie dich vor schädigenden Einflüssen und Angriffen. Bei magischen Handlungen kannst du deine Absicht durch das Hinzurufen dieser Rune verstärken. Sie liefert dir die Energie, um bis zum Ziel durchzuhalten.

Zeigt sich THURISAZ im Orakel, dann bist du aufgefordert, diese überschäumende Energie zu lenken. Es reicht nicht, sich an diesem Übermaß an Energie zu erfreuen, sondern du musst diese Energie in Bahnen lenken, die dich auf deinem Weg unterstützen. THURISAZ warnt an dieser Stelle vor Übermut und Leichtsinn. Von fester Hand gesteuert wird dich THURISAZ sicher und beschützt ans Ziel tragen.

RITUAL

THURISAZ kann dich dabei unterstützen, deine Grenzen zu wahren. Gibt es eine unangenehme Situation in deinem Leben, in der du immer wieder merkst, dass deine Grenzen mit negativer Absicht überschritten werden? Nimm dir Zeit, ziehe dich für ein paar Minuten an einen ruhigen Ort zurück, an dem du dich ungestört konzentrieren kannst.

Mache es dir bequem, sodass dein Körper entspannt und dein Geist frei ist. Atme gleichmäßig und entspannt ein und aus. Gönne dir ein paar Minuten nur für dich, ohne Störung von außen. Lausche deinem Atem, fühle, wie frische Luft in dich hineinströmt, dich erfrischt und mit jedem Ausatmen wieder ganz abgegeben wird.

Lasse nun die Erinnerung an diese bestimmte Situation hochkommen und sie wie einen Film vor deinem inneren Auge ablaufen. Wenn du keine Bilder siehst, begib dich gefühlsmäßig in die Situation hinein. Wie fühlst du dich? Beobachte deine Körperhaltung. Kannst du in der Situation für dich einstehen? Was macht diese Situation mit deinen Gedanken, deinen Gefühlen, deinem Körper? Nimm deinen Part in der Situation wahr.

Jetzt visualisiere die Rune THURISAZ in der Größe einer Axt. Nimm sie in die Hand. Fühle ihre Kraft, sieh, wie ihr Feuer lodert. Betrachte sie genau. Ich empfehle dir, die nächste Aktion mit den Bewegungen deines Körpers zu unterstützen. Richte jetzt die Dornspitze in die Richtung, aus der immer wieder die Grenzüberschreitung geschieht. Atme tief ein und aus. Lasse aus der Rune einen roten Lichtstrahl austreten, und ziehe mit diesem Lichtstrahl vor dir eine Grenzlinie. Sprich dabei mit ruhiger Stimme: »Dies ist meine Grenze, ab jetzt wirst du sie respektieren.« Vertraue darauf, dass die Kraft der Rune THURISAZ diese Grenze manifestiert und diese Grenze ab sofort respektiert und beachtet wird.

Spüre noch einen Moment in diese Situation hinein. Bedanke dich bei der Kraft von THURISAZ, und lasse die Rune sich wieder auflösen. Lockere deine Arme und Beine, atme tief ein und aus. Das Ritual ist beendet, jede weitere Beachtung des Themas ist überflüssig.

TÄGLICHE ÜBUNG

Stelle dich aufrecht hin, Richtung Osten gewandt, die Beine geschlossen. Lasse zunächst deine Arme locker neben dem Körper herabhängen. Atme ruhig und gleichmäßig.

Stemme deinen linken Arm in die Hüfte, forme so den »Dorn« der Rune. Sage beim langsamen Anwinkeln des Arms »THU«. Halte die Position für einen Moment, und sage laut »RI«. Lege nun den Arm langsam wieder seitlich am Körper an, und sage dabei »SAZ«. Führe diese Bewegungsabfolge neun Mal durch. Dein rechter Arm bleibt während der Übung seitlich am Körper angelegt. Vielleicht kannst du schon während der Übung spüren, dass die Kraft von THURISAZ mit jedem Aufbauen der Position in dir anwächst.

ANSUZ

Buchstabe:	A
Element:	Luft
Farbe:	Dunkelblau
Mineral:	Smaragd
Tierwelt:	Eichhörnchen
Pflanzenwelt:	Ulme, Lungenkraut, Fliegenpilz
Traditioneller Bezug:	Odins Umhang, der Wind
Eigenschaften:	Kommunikation, Weisheit, Inspiration

Bedeutung der Rune

»ANSUZ, die Rune der Kommunikation, verbindet mich mit allem, was um mich herum existiert. Ich höre die Worte, fühle die Stimmungen, lese die Mimik und Gestik. Wie kann ich klar und verständlich kommunizieren, wie mich für die teils subtilen Botschaften der Wesenheiten um mich herum öffnen?«

Die Rune ANSUZ öffnet alle Kanäle, die du brauchst, um verständlich und klar auszudrücken, was dir wichtig ist. Mit der Kraft von ANSUZ kannst du dich auf die ganz leisen Botschaften der Bäume, Pflanzen und Tiere einlassen. Auch die Botschaften aus den Geistigen Reichen dringen zu dir durch. ANSUZ ermöglicht nicht nur die Kommunikation über Worte, sie schließt die Kommunikation über Gestik, Mimik und die mentale Ebene mit ein. Es ist Kommunikation über alle möglichen Wege. ANSUZ lässt dich den heiligen Ton der Schöpfung wahrnehmen, du erkennst die Zusammenhänge des Lebens. Aus ihrer Schwingung heraus sind alle Sprachen entstanden, doch sie spricht ohne Worte. ANSUZ fördert deine Spiritualität und

inspiriert dich zu neuen Gedankenstrukturen. Sie ermutigt dich, Altes gehen zu lassen und dich auf die Führung durch die Geistigen Reiche einzulassen. ANSUZ fördert die Entwicklung der reinen Sprache, sie schenkt deinem Ausdruck Klarheit.
Als Amulett schützt dich ANSUZ vor Intrigen und übler Nachrede. Mithilfe ihrer Energie werden Verleumdungen aufgedeckt.
Im Orakel erhältst du unter dem Einfluss von ANSUZ kristallklare Antworten. Meist weißt du die Antworten bereits, während du noch nach den richtigen Fragen suchst, um diese abzurufen. Taucht die Rune ANSUZ in deinem Orakel auf, fordert sie dich auf, mehr Informationen mit deinem Umfeld auszutauschen. Beachte, dass dieser Austausch mündlich bzw. mit Worten geschehen kann, aber nicht muss.

RITUAL

Eine besondere Möglichkeit, alle Facetten von ANSUZ kennenzulernen, ist der »Spirit Walk«. Dafür solltest du dir mindestens eine Stunde in der freien Natur gönnen, am besten in einem Gebiet, wo du ungestört sein wirst. Etwaige Störungen wären allerdings Bestandteil des Rituals. Male dir zu Beginn des Spirit Walks die Rune ANSUZ auf beide Handflächen.

Der Spirit Walk bietet dir eine wunderbare Gelegenheit, an die Geistige Welt eine Frage zu richten. Sammle dich über deinen Atem, und komme zur Ruhe. Nimm deine Umgebung wahr: Wie warm ist es? Was riechst du? Was hörst du? Dann stelle deine Frage, bitte die Naturwesen, den Wald, die Geistigen Reiche um Botschaften, und gehe los. Gehe jedoch langsam, dein Fokus liegt darauf, wahrzunehmen, und nicht darauf, spazieren zu gehen. Lasse dich führen. Worauf wird dein Blick gelenkt? Was spricht zu dir? Welche Tiere begegnen dir? Welche Pflanzen ziehen ihre Aufmerksamkeit auf sich? Welche Zeichen bekommst du?

Auch wenn deine Gedanken jetzt umherschweifen, sei dir sicher: Im richtigen Moment wirst du entscheidende Impulse erhalten. Wenn du deine Sinne öffnest, wirst du die Kommunikation der Natur wahrnehmen. Achte auf deine Gedanken, sie können Antworten enthalten. Oder du fühlst dich zu einem Ort hingezogen. Nicht immer ist es ein Baum, der umarmt werden will. Manchmal möchte sich auch einfach ein Stein, ein Pilz oder einer Blume mit dir austauschen. Bleibe währenddessen in der Stille, und denke gelegentlich an deine Frage. Sei offen, und du wirst unter dem Einfluss von ANSUZ Kommunikation in ungeahnter Vielfalt erleben.

Du wirst es wahrnehmen, wenn sich dein Spirit Walk dem Ende zuneigt. Kehre zurück an deinen Ausgangspunkt, bedanke dich bei allen deinen Helfern, und beende das Ritual.

TÄGLICHE ÜBUNG

Stelle dich aufrecht hin, Richtung Osten gewandt, die Füße ungefähr schulterbreit auseinander. Lasse zunächst deine Arme locker neben dem Körper herabhängen. Atme ruhig und gleichmäßig.

Hebe langsam deine Arme so empor, dass sie dabei im Abstand von etwa 20 cm übereinander versetzt bleiben und du schließlich die in der Zeichnung dargestellte Position einnimmst. Jeder Arm symbolisiert einen der beiden Zweige der Rune ANSUZ. Sprich beim Heben der Arme lang gezogen »AN«. Senke die Arme wieder, und sprich dabei »SUZ«. Führe diese Bewegungsabfolge neun Mal durch. Spüre anschließend in dich hinein, denn vielleicht kannst du den Energiefluss von ANSUZ bereits in deinem Körper wahrnehmen, speziell im Bereich deines Kehlkopfes.

RAIDHO

Buchstabe:	R
Element:	Luft
Farbe:	Rot
Mineral:	Malachit
Tierwelt:	Pferd, Saatkrähe
Pflanzenwelt:	Holunder, Beifuß
Traditioneller Bezug:	das Rad, der Sonnenwagen
Eigenschaften:	richtige Aktion zur rechten Zeit, eigene Verantwortung, Reisen, Bewegung, in den Rhythmus des Lebens eingebunden

Bedeutung der Rune

RAIDHO gilt als die klassische Rune, wenn es um Reiseunternehmungen geht. Bei Reisen aller Art kann sie für Schutz und als Begleiter hinzugerufen werden, damit sie harmonisch verläuft. RAIDHOs Einfluss ist nicht nur auf die physischen Aspekte einer Reise beschränkt. Mit ihrer Unterstützung stellst du erfolgreich Kontakt zu den Geistigen Reichen her. Sie hilft dir dabei, sicher in die Untere Welt oder die Obere Welt der nichtalltäglichen Wirklichkeit zu reisen.[13]

Das Sinnbild für RAIDHO ist das Rad. Es steht für Bewegung und Kreislauf. RAIDHO fördert die Entwicklung aus der Bewegung heraus. Es dreht sich alles um das, was jetzt ansteht, worum sich aktuell gekümmert werden sollte. Für die daraus entstehenden Entscheidungen wird Verantwortung übernommen, woraus wieder

13 Mit »nichtalltäglicher Wirklichkeit« sind bestimmte Bereiche der Geistigen Welt gemeint. Das schamanische Weltbild kennt verschiedene Welten, in denen spezifische außerkörperliche Erfahrungen möglich sind.

neue Entscheidungen, neue Entwicklungen entstehen – der Kreislauf des Lebens, im Kleinen wie im Großen. Auf diese Weise führt dich RAIDHO zurück zur Anbindung an die natürlichen Rhythmen. Mit ihrer Unterstützung erkennst du, wann der richtige Zeitpunkt für etwas gekommen ist bzw. sein wird. RAIDHO schenkt dir Mut und das Selbstvertrauen, der Aufgabe gewachsen zu sein. Du übernimmst die Führung und lenkst den »Wagen« deines Lebens zu deinem Ziel.
Für eine entspannte und geschützte Reise kannst du einen Anhänger mit der Rune RAIDHO anfertigen. Reist du mit einem eigenen Fahrzeug, kannst du vor Fahrtantritt z. B. mit Wasser die Rune auf dieses zeichnen und visualisieren, wie sich ihre Klarheit und Kraft darauf überträgt.
Taucht die Rune RAIDHO in deinem Orakel auf, solltest du überprüfen, wohin sich das Thema deiner Frage entwickelt: Welche Weichen sind gestellt? Führen die dadurch eingeschlagenen Wege deinen Wagen des Lebens auch zum gewünschten Ziel? Hast du die Zügel deines Lebens selbst in der Hand, oder lässt du dich von anderen lenken oder sogar manipulieren und hast die Verantwortung abgegeben?
Bedenke: Jede Reise beginnt mit einem ersten Schritt, und auch wenn es zwischendurch einmal so scheinen mag, als sei es schwer zu erreichen oder sogar unerreichbar, jeder nächste Schritt bringt dich näher zum Ziel.

RITUAL

Ein Aspekt der Rune RAIDHO ist die Ermutigung zur Weiterentwicklung. Dazu musst du dich bewegen, körperlich oder geistig. RAIHDO ermutigt dich, deinen Standpunkt zu verlassen und dich für Entwicklung zu öffnen.

Um das zu erleben, gönne dir einen Ausflug in eine belebte Stadt, am besten an einen Bahnhof oder Flughafen. Nimm dir ausreichend zu trinken und vielleicht auch einen Snack mit, damit du gut versorgt bist. Wenn du an deinem Startpunkt angekommen bist, rufe die Kraft der Rune RAIDHO an, und laufe los.

Laufe einfach los, ohne Ziel, ohne Planung. Und jedes Mal, wenn du an eine »Abbiegemöglichkeit« kommst, etwa die Ecke eines Gebäudes, eine Straßen- oder Gangkreuzung oder eine Gruppe von Menschen, dann spüre in dich hinein, und nimm den Impuls wahr, den dir RAIDHO gibt: Welches Handeln, welche Entscheidung ist jetzt richtig? Weitergehen oder abbiegen? Prüfe den empfangenen Impuls dahin gehend, ob er aus deinem Kopf kommt oder der Kraft von RAIDHO entspringt. Entscheide dich dann, und übernimm die Verantwortung für dein Handeln.

Führe diese Entscheidungsprüfung mindestens eine Stunde lang durch. Dann betrachte das Ergebnis deiner Arbeit. Bedanke dich bei der Kraft von RAIDHO und deinen geistigen Helfern, und genieße deinen Erfolg mit etwas, was dir guttut.

Du kannst dieses kleine Ritual jederzeit wieder durchführen. Es funktioniert außerdem überall in der Natur, insbesondere in einem Waldstück.

TÄGLICHE ÜBUNG

Stelle dich aufrecht hin, Richtung Osten gewandt, die Füße dicht beieinander. Lasse zunächst deine Arme locker neben dem Körper herabhängen. Atme ruhig und gleichmäßig. Entspanne dich, zentriere dich über deinen Atem.

Stemme mit einer langsamen Bewegung deine rechte Faust in die Taille, und hebe gleichzeitig das rechte Bein gestreckt ein wenig zur Seite an. Sage dabei laut »RAI«. Dann lasse Arm und Bein langsam wieder in die Ausgangsstellung zurücksinken, und sage dabei laut »DHO«. Führe diese Bewegungsabfolge neun Mal durch. Spüre anschließend in dich hinein, und nimm wahr, wie sich dein Horizont erweitert und deine Bewegungsbereitschaft zunimmt.

KENAZ

Buchstaben:	C, K
Element:	Feuer
Farbe:	Orange
Mineral:	Blutjaspis
Tierwelt:	Fuchs, Reiher
Pflanzenwelt:	Haselnuss, Pinie, Kiefer, Schlüsselblume
Traditioneller Bezug:	die Fackel
Eigenschaften:	Aufmerksamkeit, inneres Feuer, Erkenntnis, (überspringende) Begeisterung, Wissen um sich selbst, sexuelle Energie

Bedeutung der Rune

KENAZ ist die Flamme, die wärmt, die Fackel, die den Weg beleuchtet und erhellt. KENAZ bringt Lebendigkeit in dein Leben, entfacht dein inneres Feuer und lässt dich den Mut aufbringen, dich mit Begeisterung und Bedacht in neue Aktionen zu stürzen. Sie zeigt alle Umstände und Hintergründe auf und hilft dir, deine Position im Geschehen zu erkennen und einzunehmen. KENAZ schenkt dir Erleuchtung in Form von Erkenntnis. Du bist also noch nicht am Ziel, weißt aber dank ihrer Unterstützung, welchen Weg du wählen solltest.

Durch die Kraft von KENAZ verändert sich deine Sichtweise auf dir bisher vermeintlich bekannte Aspekte deines Lebens. Um dich herum ist alles unverändert geblieben, doch du betrachtest deine Umgebung und die dort stattfindenden Ereignisse nun in anderer Weise. Du erkennst die wahren Zusammenhänge. Beachte, dass die Wirkkraft dieser Rune sich nicht von selbst auf ein harmonische Maß einpendelt: Sie liefert das Feuer. Du bestimmst durch deine Aufmerksamkeit und Klarheit, wie viel dieser Energie wohin gelenkt wird. Du trägst maßgeblich dazu bei, dass das Ergebnis dein Wohlgefallen finden wird.

Ein KENAZ-Amulett ist ein Schutzamulett. Feuer zieht Unterstützung an, verbrennt jedoch störende Einflüsse und hält so negative Kräfte fern.

Taucht die Rune KENAZ in deinem Orakel auf, so zeigt sie dir an, dass es etwas gibt, worauf du noch mehr Aufmerksamkeit lenken, was du besonders beleuchten solltest.

RITUAL

KENAZ steht für Erhellung und Erleuchtung. Ihre Flamme bringt Licht in Situationen und verleiht die notwendige Klarheit.

Führe dieses Ritual in einem möglichst dunklen Raum durch. Stelle einen Wecker mit einem sanften Klingelton auf 30 Minuten ein. Es ist wichtig, dass er dir eher dezent das Ende der Zeitspanne angibt, damit du nicht erschrickst, wenn sein Signal ertönt.

Außerdem benötigst du eine Kerze. Ihre Farbe und Form spielt keine Rolle. Stelle die Kerze in einem sicheren Abstand vor dich hin, und zünde sie an. Setze dich hin, und stelle sicher, dass du bequem und aufrecht sitzt und die Kerzenflamme deutlich sehen kannst. Lege nun deine Hände entspannt auf deinen Oberschenkeln ab.

Sammle dich, indem du ruhig ein- und ausatmest. Rufe die Kraft der Rune KENAZ an, in eigenen Worten, die dir jetzt richtig erscheinen. Deine Augen bleiben während des Rituals geöffnet. Richte deinen Blick konsequent auf die Kerzenflamme, sie wird deine Aufmerksamkeit fördern.

Für dieses Ritual gibt es keine Vorgabe, Frage oder Absicht. Es geht allein um die Förderung deiner Aufmerksamkeit. Beobachte deine Gedanken, die kommen und wieder gehen werden. Anfangs mögen es eher unwichtige und alltagsgebundene Gedanken sein. Mit fortschreitendem, andauerndem Starren und vergehender Zeit werden sich deine Gedanken verändern und dir Antworten auf Fragen liefern, die ganz tief in deinem Unterbewusstsein wirken. Nimm deine Gedanken so an, wie sie sind. Es mag dir rätselhaft erscheinen, wieso sie nun in dein Bewusstsein treten, aber sie wollen jetzt beachtet werden. Lasse alles zu. Die Kraft der Rune KENAZ schafft klare Aufmerksamkeit für das, was gerade wirkt. Ruhe mit deinem Blick stets auf der Kerzenflamme, nur so hältst du die Verbindung zu deinen Gedanken aufrecht.

Führe dieses Ritual mindestens 20 Minuten lang durch. Besser ist es, die geplanten 30 Minuten einzuhalten. Diese lange Zeitspanne liegt in der Kontrollfunktion unseres Wachbewusstseins begründet. Erst wenn dieses »gelangweilt« die Kontrolle aufgibt, können die wirklich wichtigen Informationen in unser Bewusstsein aufsteigen.

Um das Ritual zu beenden, wende deinen Kopf ruckartig zur Seite ab. Lösche anschließend die Kerzenflamme, und bedanke dich bei deinen geistigen Helfern dafür, dass sie dir den Raum für diese Meditation geschenkt haben.

TÄGLICHE ÜBUNG

Stelle dich aufrecht hin, Richtung Osten gewandt, die Beine leicht gespreizt. Lasse zunächst deine Arme locker neben dem Körper herabhängen. Atme ruhig und gleichmäßig. Entspanne dich, zentriere dich über deinen Atem.

Strecke nun beide Arme nach vorn aus. Dies ist deine Grundstellung für diese Übung.

Hebe nun langsam einen der Arme bis über Kopfhöhe an, und senke gleichzeitig den anderen Arm bis ungefähr auf Bauchnabelhöhe ab, sodass du schließlich die in der Zeichnung dargestellte Haltung einnimmst. Deine Arme formen nun die Rune KENAZ. Sprich bei der Aufklappbewegung laut »KE«. Führe die Arme wieder in die Grundstellung zurück, und sprich dabei laut »NAZ«. Führe diese Bewegungsabfolge neun Mal durch, wobei die Arme abwechselnd nach oben gehoben bzw. nach unten gesenkt werden. Spüre anschließend in dich hinein. Vielleicht kannst du bereits die aufsteigende Klarheit von KENAZ in dir wahrnehmen.

GEBO

Buchstabe:	G
Element:	Luft
Farbe:	Tiefblau
Mineral:	Opal
Tierwelt:	Höckerschwan
Pflanzenwelt:	Efeu, Ulme, Klette
Traditioneller Bezug:	Gaben, Geschenke, der Ausgleich
Eigenschaften:	Geben und Nehmen im Ausgleich, in Harmonie mit allem, Vereinigung mit dem Göttlichen, Einheit

Bedeutung der Rune

GEBO repräsentiert die Balance in allem, den natürlichen Zustand. Hörst du auf, etwas mit Energie in Bewegung zu halten, dann wird es in einen Zustand des Ausgleichs finden, in die Mitte, in die Ruhe.[14] Auf diese Weise kommt es ins Sein. Es reicht, sich für Ausgleich zu öffnen. Auf welche Weise er herbeigeführt wird, hängt von der Situation ab. Es kann sein, dass du etwas bekommst, weil du viel gegeben hast, es kann auch sein, dass dir etwas genommen wird, wenn du viel genommen hast. Prüfe daher: Wo hast du zu viel von dir gegeben, wo zu viel auf dich genommen? War dein Geben wirklich hilfreich, wem hat es am Ende geholfen? GEBO will ausgleichen und löst ungleiche Verstrickungen in deinem Leben.

14 Versorgst du übrigens etwas mit Energie, was (so) nicht ausgeglichen werden kann, etwa weil du den Ausgleich (in einer bestimmten Form) nicht annehmen kannst, so verstärkst du die Unausgeglichenheit noch.

Unter dem Schirm der Rune gewinnst du Vertrauen ins Leben. Du erkennst, dass auch für dich immer alles in ausreichendem Maß vorhanden ist.
GEBO fördert die sexuelle Hingabe, führt in ein wechselseitiges und harmonisches Geben und Annehmen. Dadurch gelangt das sexuelle Erleben auf eine bereichernde Ebene. Diese fördert dein Bewusstsein für deine männlichen und weiblichen Aspekte und bringt sie ins Gleichgewicht. Die Kraft von GEBO erleichtert zudem das Beenden von Streitigkeiten. Zerstrittene Personen können unter GEBO loslassen und Veränderungen zulassen.
Ein Anhänger mit der Rune GEBO zieht harmonische Beziehungen an. Ihre Kraft fördert Partnerschaften. Unter der ausgleichenden Führung von GEBO findest du deinen inneren Frieden und bist vor Widrigkeiten geschützt. Sie fördert die Fähigkeit, klar zu denken und alle Aspekte zu betrachten.
Im Orakel erinnert dich die Rune daran, auf das Gleichgewicht in deinen Handlungen und Empfindungen zu achten.

RITUAL

Prüfe, welcher Bereich oder Aspekt deines Lebens im Ungleichgewicht ist. Nimm dir hierzu ein DIN-A4-Blatt zur Hand, und ziehe von oben nach unten eine Linie, die das Blatt in zwei Spalten teilt. Schreibe über die linke Spalte den Titel »Ich bekomme zu wenig« und über die rechte Spalte »Ich gebe zu viel«. Suche dir einen bequemen Sitzplatz, und nimm dir Zeit. Zünde dir eine Kerze an. Rufe die Kraft von GEBO an, und bitte sie, dich zu unterstützen. Finde hierfür deine eigenen Worte.

Lehne dich zurück, atme ruhig ein und aus. Zentriere dich über deinen Atem, und werde ruhig. Wenn du spürst, dass der Alltag ein wenig zur Seite getreten ist, schaue dir dein noch leeres Blatt Papier an. Gehe gedanklich dein tägliches Leben durch, auch deine Vergangenheit. Betrachte die unterschiedlichen Situationen und Begegnungen. Prüfe, ob eine Begebenheit hinsichtlich Geben und Nehmen im Ausgleich ist. Wenn nicht, füge der dazu passenden Spalte eine kurze Notiz hinzu. Lasse dir Zeit. Wenn du das Gefühl hast, dass du für den Moment genug Beispiele zusammengetragen hast, beende das Sammeln. Du kannst es bei Bedarf jederzeit wiederholen, du kannst also mit deinem erzielten Ergebnis zufrieden sein.

Schaue dir nun deine Notizen an: Welche der darauf festgehaltenen Begebenheiten möchtest du jetzt ausgleichen? Gehe in dich: Was müsstest du dafür tun? Halte entsprechende Ziele auf einem zweiten Zettel fest (den du gern auch noch aufwendig gestalten kannst). Notiere dir alles, was wichtig ist, um die Balance zu erreichen. Es mag sein, dass die Lösung für das Ungleichgewicht ausschließlich auf der geistigen Ebene erreicht werden kann. In diesem Fall führe eine Meditation durch, in der du um Klarheit und Ausgewogenheit bittest. Gehe im Rahmen der Meditation in jene Situation zurück. Schaue dir die Umstände erneut an, und agiere in der Situation aus deinem heutigen Bewusstsein heraus. Handle so, dass eine Ausgewogenheit zwischen Geben und Nehmen entsteht. Wenn die Situation auf dich ausgeglichen wirkt und du dich damit gut fühlst, beende die Meditation.

Mit dieser Meditation änderst du die energetischen Verknüpfungen, die auf die Situation wirken. »Materie folgt dem Geist«, was du also energetisch verändert hast, zeigt im Hier und Jetzt entsprechende Veränderungen. Du darfst darauf vertrauen, dass das Leben auch diese Situation für dich wandeln wird.

TÄGLICHE ÜBUNG

Stelle dich aufrecht hin, Richtung Osten gewandt, die Beine weit gespreizt. Lasse zunächst deine Arme locker neben dem Körper herabhängen. Atme ruhig und gleichmäßig. Zentriere dich über deinen Atem.

Strecke beide Arme zur Seite aus, und hebe sie so weit an, bis sich die Hände oberhalb der Füße befinden. Sprich bei der Bewegung laut »GE«. Dein Körper zeigt nun ein X. Kontrolliere, ob deine Arme genauso weit geöffnet sind wie deine Beine auseinanderstehen. Korrigiere dies gegebenenfalls. Lasse nun deine Arme wieder seitlich an deinem Körper entlang herabsinken, und sprich dabei laut »BO«. Führe diese Bewegungsabfolge neun Mal durch. Die Bewegungen dieser Übung lenken die kosmischen Energien durch deinen Körper – vom linken Arm ins rechte Bein und vom rechten Arm ins linke Bein. Außerdem werden beide Gehirnhälften angeregt.

WUNJO

Buchstaben:	W, V
Element:	Luft
Farbe:	Goldgelb
Mineral:	Rubin
Tierwelt:	Delfin, Rotkehlchen
Pflanzenwelt:	Esche, halluzinogene Pilze
Traditioneller Bezug:	die Fahne, das Stammesbanner
Eigenschaften:	Ekstase, ursprüngliche Freude, Harmonie, Liebe, Zuneigung, Gunsterweisung, Wunscherfüllung

Bedeutung der Rune

WUNJO ist die reine, ekstatische Freude, die ohne äußeren Grund und Anlass aus sich selbst heraus entsteht. Ihre Kraft gibt dir Schwung und lässt dich voller Liebe und Lebensfreude aktiv werden. Durch sie kehrt Frieden in dein Herz ein, und dir fällt es leicht, endlich alte Verletzungen loszulassen und dich voller Neugier dem Leben anzuvertrauen.

WUNJO fördert frische Liebe. Gleichzeitig lädt sie fröhliche und mutige Weggefährten in dein Leben ein. So wirst du selbst zu einem motivierten und verlässlichen Kameraden. Neigst du zu Streitsucht, so beruhigt WUNJO dich und lässt dich entspannt an die Dinge herangehen.

Weil du unter der Führung von WUNJO reine Freude lebst, wandelt sich deine Ausstrahlung. In der Folge verändert sich deine Lebenssituation in eine durch Frieden gelenkte Lebensweise. Dabei zeigt sich

WUNJO als stille, besinnliche Freude. Sie ist weit entfernt von lärmender Fröhlichkeit oder Ausgelassenheit, stattdessen strahlt sie tiefe innere Freude in dein Leben.

Als Talisman getragen soll WUNJOs Kraft das Immunsystem stärken. Diese Eigenschaft könntest du gut nutzen, um der winterlichen Erkältung aus dem Weg zu gehen. Einen Versuch ist es sicherlich wert.

Im Orakel fordert WUNJO dich auf, das Leben zu genießen und deine Betrachtungsweise zu bestimmten Problemen und Lebensumständen zu ändern. Sie spornt dich zu mehr Leichtigkeit und Lebendigkeit an.

RITUAL

Bist du bereit, wahrhaftige Freude zu leben? Sicher stimmst du augenblicklich zu. Wer möchte nicht gern Freude empfinden? Die Freude von WUNJO ist jedoch keine Momentaufnahme wie der Augenblick, in dem du eine gute Nachricht oder ein Geschenk erhältst. Ihre Freude ist ein Zustand, der einen ganzen Tag oder länger anhalten kann. Was könnte dieses Gefühl bei dir auslösen? Was müsste geschehen, damit du diese Leichtigkeit fühlen kannst?

Am Besten wäre es allerdings, wenn diese Freude ohne äußeren Anstoß oder besonderen Grund entstände. Rufe dafür die Kraft von WUNJO an. Male dir die Rune mit einem Stift im Bereich deiner Thymusdrüse, also mitten auf der Brust oberhalb des Brustbeins, auf die Haut.

Durch Klopfen an dieser Stelle wird die Thymusdrüse aktiviert und die Lebensenergie angeregt. Nutze diese Eigenschaft, um die Kraft der Rune WUNJO zu aktivieren. Klopfe nach dem Aufmalen der Rune ein paar Minuten lang sanft mit deinen Fingerspitzen auf den Bereich der Thymusdrüse. Atme währenddessen tief und ruhig ein und aus. Wenn du magst, schließe dabei die Augen, um dich ganz der Steigerung deiner Lebenskraft hinzugeben.

Dieses Ritual kannst du mehrmals täglich anwenden bzw. immer dann, wenn du dich müde und lustlos fühlst.

TÄGLICHE ÜBUNG

Stelle dich aufrecht hin, Richtung Osten gewandt, die Beine geschlossen. Lasse zunächst deine Arme locker neben dem Körper herabhängen. Atme ruhig und gleichmäßig. Entspanne dich.

Strecke einen deiner Arme gerade zur Seite weg, Handfläche nach oben. Hand und Finger bilden eine gerade Linie. Beuge nun den Arm, und berühre mit den Fingerspitzen deine Fontanelle.[15] Sprich während der Bewegung laut »WUN«. Bringe den Arm wieder hinunter an deine Körperseite, und sprich dabei laut »JO«. Führe diese Bewegungsabfolge neun Mal durch. Die Bewegungen dieser Übung lenken die kosmischen Energien von deinem Herzen zu deinem Kronenchakra und verbinden diese beiden Bereiche miteinander.

15 Die Fontanelle ist der Bereich mittig der Schädeldecke, wo die drei Schädelplatten aufeinandertreffen. Bei Neugeborenen ist die Fontanelle noch offen und wächst erst in den ersten Lebensjahren komplett zu.

2. Aett, Odins Aett – Naturgewalten

»Was begegnet mir im Außen? Welche Elementarkräfte wirken? Womit muss ich mich arrangieren?«

Allem auf natürliche Weise Entstandenem wohnt eine Ordnung inne. Auch wenn vieles dem Anschein nach chaotisch wirkt und zufällig zu entstanden sein scheint, so folgt doch alles dieser Ordnung. Du bist umgeben von Naturgewalten und Kräften, die aufbauen und zerstören, die geben und nehmen. Wo stehst du als Mensch inmitten all dieser Kräfte? Was unterliegt nur bedingt deiner Kontrolle? Bist du in der Lage, das von dir Aufgebaute vor aller Unbill und den rauen Kräfte zu bewahren? Odins Aett wird zuweilen HAGALAZ-Aett genannt, um anzuzeigen, dass in Odins Runenfamilie raue Naturgewalten und auch zerschlagende Kräfte wirken. Bei den Runen des 2. Aetts geht es um dich als Mensch innerhalb des kleinen Lebensraums um dich herum. Es geht um die Natur, um das Auf und Ab des Lebens, die Veränderungen im Außen. Deine Entscheidungsfähigkeit und Handlungskraft werden auf die Probe gestellt. Wie schaffst du es, dein Handeln mit den Kräften, die um dich herum wirken, in Einklang zu bringen? Wie schaffst du es, aktiv und harmonisch mit dem Lebensfluss zu schwimmen, und was unterstützt dich dabei?

Zum 2. Aett gehören die Runen HAGALAZ, NAUDHIZ, ISA, JERA, EIHWAZ, PERTHRO, ALGIZ und SOWILO.

HAGALAZ

Buchstabe:	H
Element:	Wasser
Farbe:	Hellblau
Mineral:	Lapislazuli
Tierwelt:	Eidechse
Pflanzenwelt:	Hagedorn, Bilsenkraut
Traditioneller Bezug:	der Hagel(schlag)
Eigenschaften:	schlagartige (positive) Veränderung von außen, Begrenzungen durchbrechen, Neubeginn, Sturm, kosmische Struktur

Bedeutung der Rune

HAGALAZ ist der Hagelschlag, der plötzlich mit roher Gewalt über dich hereinbricht und alles zerschlägt, was nicht rechtzeitig in Sicherheit gebracht worden ist. In Krisenzeiten retten wir das zuerst, was uns wichtig ist und wir auf jeden Fall behalten wollen. So lässt HAGALAZ den Rückschluss zu, dass durch ihre Kraft nur das vernichtet wird, was überholt und unwichtig geworden ist, also nur noch verwalteter Ballast war. Wenn du diese Sichtweise für dich überprüft hast und sie anerkennen kannst, wirst du die Schönheit und Unterstützung der Rune HAGALAZ erkennen.

Die Kraft von HAGALAZ in ihrer Auswirkung als Naturgewalt zerstört unsere vertraute Ordnung und rüttelt an allem, was im Leben stabil und verlässlich gewirkt hat. Wie nach einem Vulkanausbruch die Lava fruchtbaren Boden erzeugt, so lässt die HAGALAZ-Kraft auf dem Boden der Zerstörung Neues entstehen. Und dieses Neue ist das, was dich jetzt in deinem Leben voranbringt.

In gleicher Stärke, wie die Rune HAGALAZ zerstört, fördert sie den Neubeginn, das Zarte, was neu entstehen kann, indem sie dafür einen guten Boden bereitet. Alles, was diesem Neuen in seinem Wachstum gefährlich werden könnte, wird durch die Kraft von HAGALAZ abgewehrt. Auf diese Weise wirkt diese Runenkraft zerstörend und gleichzeitig schützend. Durch diesen Gegensatz wirkt sie effektiv in allen Situationen.

Die Kraft der Rune HAGALAZ wirkt nicht nur auf der materiellen Ebene. Du kannst die Rune in Meditationen visualisieren und darum bitten, dass ihre Kraft alles aus deinem Energiefeld entfernt, was ungut für dich ist. Dein Körper und dein Energiefeld können auf diese Weise – nach einer möglichen Erschütterung – in Balance gebracht werden.

Als Anhänger schützt die Rune HAGALAZ vor zerstörerischen Einflüssen. An die Wände z. B. eines Hauses oder einer Kiste gemalt schützt sie vor unerwünschtem Eindringen. Erscheint die Rune HAGALAZ im Orakel, so zeigt sie an, dass die Zeit für einen rigorosen Umbruch gekommen ist. Etwas muss gehen, weil es sich ab jetzt sehr schmerzlich behindernd auswirken würde, wenn es bliebe. Die Kraft von HAGALAZ fragt nicht nach Erlaubnis, sie handelt. Sei dir sicher, dass nach dem ersten Schreck die Erkenntnis kommen wird, dass der neue Zustand besser und sinnvoller ist.

RITUAL

Wie fühlt es sich an, wenn dich jemand auffordert, etwas, was vielleicht sogar wertvoll ist, zu zerstören? Fällt es dir leicht, der Aufforderung zu folgen? Kannst du mit Leichtigkeit alte, womöglich sogar traditionelle oder ererbte Dinge wegwerfen? Oder »verwaltest« du noch immer alte, mit Erinnerungen verbundene Dinge nur deshalb, weil sie nun einmal da sind – und weil du bisher geglaubt hast, die Zeit zum Loslassen sei noch nicht gekommen bzw. diese Dinge seien noch »zu gut«, um weggeworfen zu werden? Kannst du loslassen?

Gehe durch dein Zuhause, und schaue in allen Schränken, Schubladen, Kisten usw. nach – auch im Keller und auf dem Speicher. Gibt es dort »Überbleibsel« aus alten Zeiten, die Platz wegnehmen und nicht mehr genutzt werden? Suche dir einen Gegenstand aus, nur einen, der dir wirklich egal geworden ist, an dem du aber bis heute festgehalten hast. Betrachte diesen Gegenstand nun genau, und prüfe, ob und wie du ihn zerstören könntest. Es geht nicht darum, den Gegenstand in den Müll zu geben, sondern darum, ihn tatsächlich zu zerstören. Falls du Werkzeug benötigst, besorge es jetzt.

Wichtig: Beachte alle erforderlichen Sicherheitsmaßnahmen, um dich bei der Zerstörungsaktion nicht zu verletzen! Sollten Splitter entstehen können, trage Handschuhe, eine Schutzbrille und möglicherweise weitere Schutzkleidung. Decke den zu zerstörenden Gegenstand gegebenenfalls mit einer Plane ab, um herumfliegende Splitter zu vermeiden.

Mache dir bewusst, dass du gleich etwas unwiederbringlich zerstören wirst, was für dich keinerlei Bedeutung mehr hat. Fühle in dich hinein, fühle die Verbindung zu diesem Gegenstand und die dadurch gebundene Energie. Wenn du bereit bist, zerstöre ihn. Atme dabei tief ein und aus. Lasse dir Zeit, und gib dieser ganzen Aktion den Raum, sie nachwirken zu lassen. Fühle anschließend in dich hinein, und nimm wahr, inwieweit sich deine Selbstwahrnehmung verändert hat. Viele von uns sind so erzogen worden, nichts zerstören zu dürfen. »Es ist wertvoll«, »Es ist selten«, »Das kann man noch verschenken« oder »Es war sehr teuer« sind die am häufigsten verwendeten Argumente, um in uns ein schlechtes Gewissen zu erzeugen, wenn wir etwas zerstören wollen. Sei dir sicher: Die Kräfte dieser alten Glaubenssätze sind nichts im Vergleich zu der befreienden Kraft von HAGALAZ. Nun erlaube dir, etwas bewusst zu zerstören, und genieße die Leichtigkeit, die entsteht, wenn sich etwas Überholtes auflöst.

TÄGLICHE ÜBUNG

Stelle dich aufrecht hin, Richtung Osten gewandt, die Beine geschlossen. Lasse zunächst deine Arme locker neben dem Körper herabhängen. Atme ruhig und gleichmäßig.

Strecke beide Arme waagerecht zur Seite weg, und sprich während der Bewegung laut »HA«. Behalte die Arme einen Moment ausgestreckt in dieser Position, und sprich laut »GA«. Lasse die Arme wieder an die Seite deines Körpers sinken, und sprich dabei laut »LAZ«. Führe die Übung insgesamt neun Mal durch. Bei jedem Aussprechen von »LAZ« kannst du dir unterstützend vorstellen, wie etwas von dir geht, was nicht mehr zu dir gehört, auch wenn du nicht genau wissen solltest, was es ist.

NAUDHIZ

Buchstabe:	N
Elemente:	Erde, Feuer
Farbe:	Grau
Mineral:	Bernstein
Tierwelt:	Luchs, Dachs, Schnepfe
Pflanzenwelt:	Esche, Vogelknöterich
Traditioneller Bezug:	die drei Nornen[16]
Eigenschaften:	Bedürftigkeit, Veränderungen durch Not, Erkenntnis dessen, was gebraucht wird, Bereitschaft zur Manifestation des Wesentlichen

Bedeutung der Rune

NAUDHIZ ist die Schicksalsrune. Ihr Erscheinen bedeutet, dass die Not auf deinem Lebensweg auftaucht. Für viele ist diese Not mit dem Gefühl von Mangel und Unfähigkeit verbunden. Dank der Kraft von NAUDHIZ wird aus Not Notwendigkeit, die Not wird gewendet, also gewandelt. NAUDHIZ bringt uns dazu, Änderungen anzustreben. Der von ihr erzeugte Druck führt letztendlich zu dem Impuls, der uns dazu anspornt, mutig in Aktion zu gehen und Änderungen anzustreben. Sie unterstützt uns auf diesen notwendigen Wegen, insbesondere wenn ein schwerer Entschluss zu fassen ist.

16 Die drei Nornen Urd, Verdandi und Skuld weben die Schicksalsfäden eines jeden Menschen aus den Handlungen der Vergangenheit, lassen die Gegenwart hineinfließen und bereiten damit die Richtung des Pfades in die Zukunft vor. Wie du in der Vergangenheit handeltest, bestimmt heute deine Zukunft.

Im Grunde erzeugt die Kraft von NAUDHIZ eine Einweihung auf eine höhere Ebene. Sie drängt dich dazu, den nächsten Schritt anzustreben. Dabei schiebt sie dich aus deinem negativen Gedankenkarussell heraus in eine Richtung, die dich deiner Bestimmung näherbringt.

NAUDHIZ erzeugt nicht nur den Druck der Not, sie ist auch Hilfe in der Not. Rufe die drei Nornen Urd, Verdandi und Skuld an, und bitte sie, dir Hilfe zukommen zu lassen. Du wirst Hilfe erhalten, wenn auch oft in einer Weise, die du so nicht vorhersehen konntest. Und doch wird sie so sein, dass es deiner Situation förderlich ist: Du wirst genau das erhalten, was du benötigst, damit sich dein spiritueller Weg weiterentwickelt. Du musst akzeptieren, was ist, und dann anerkennen, was du brauchst. Handle entsprechend, damit deine Bedürfnisse Erfüllung finden können. NAUDHIZ bewirkt, dass du Prüfungen durchlebst. Sie fordert dich auf, aus dem Dunkel der Not herauszusteigen und aufgerichtet deinem eigenen Weg zu folgen.

Betrachte die Zeit unter NAUDHIZ als eine Lernphase. Wenn du dich auf den die Not wendenden Weg begibst, also die Not anerkennst und die notwendigen Schritte durchführst, wirst du gestärkt aus der Situation hervorgehen.

Ein Anhänger mit der Rune NAUDHIZ bestärkt dich darin, zu deinen Entscheidungen zu stehen und durchzuhalten. Es gilt, einen Scheideweg zu meistern, Stärke und Klarheit zu beweisen und das Alte loszulassen.

Im Orakel zeigt dir NAUDHIZ an, dass du zu lange in einer Situation ausgeharrt hast und dadurch dein Lebensfluss aufgestaut worden ist. Gestautes Wasser übt Druck auf die Staumauer aus, und jenseits davon herrschen Mangel und Stillstand. Genau so ergeht es dir: Du bist im Mangel, es geht nicht weiter. NAUDHIZ wird den Druck so lange erhöhen, bis du ihn nicht mehr aushalten kannst und endlich bereit bist für tief greifende Veränderung und Weiterentwicklung.

RITUAL

NAUDHIZ zeigt dir an, zu prüfen, wo in deinem Leben ein Mangel herrscht. In welchem Bereich solltest du Änderungen einläuten? Wofür glaubst du, Unterstützung zu benötigen, um die Not zu wenden? Was liegt schon lange im Argen? Für welchen schon lange bekannten Termin musst du etwas Wichtiges erledigen?

Nimm dir Zeit und Ruhe, und lasse diese Frage auf dich wirken. Notiere dir Stichpunkte zu den einzelnen Gedanken. Welcher Mangel behindert dich im Moment am stärksten?

Suche in einem deiner Räume ein Regal, ein Tischchen oder einen Schrank, auf dem du dir einen kleinen Altar einrichten kannst.[17] Der Platz muss geschützt sein vor Kinderhänden, Haustieren oder dem Zugriff unachtsamer Besucher. Dieser Platz wird für die Zeit der Erfahrungen mit der Rune NAUDHIZ zu einem heiligen Bereich, der während der gesamten Zeit ausschließlich von dir berührt werden sollte, damit deine derzeitige Schwingung nicht überlagert wird.

Außerdem benötigst du ein Blatt Papier oder ein Stück hellen Stoff, das bzw. den du bemalen kannst, einen geeigneten Stift,[18] eine Kerze und einen Gegenstand, der dein Problem repräsentiert, den Fetisch. Dies kann ein Brief, ein Foto oder auch ein auf einem Zettel notierter Satz sein. Male auf das Papier bzw. auf den Stoff groß und deutlich die Rune NAUDHIZ. Sage beim Malen des senkrechten Strichs »NAU« und beim Malen des schrägen Strichs »DHIZ«. Dies aktiviert die Rune und lässt ihre Kraft wirken. Zünde die Kerze an, und bitte das Kerzenlicht, der Hilfe, die du rufen wirst, den Weg zu leuchten.

Rufe nun die Unterstützung der drei Nornen hinzu. Sie ermöglichen es, dass Hilfe für die Lösung deines Problems zu dir kommen kann.

17 Siehe auch Unterkapitel »Der Altar« auf Seite 19

18 Die klassische Runenfarbe ist das Zinnoberrot. Die meisten dicken Markerstifte haben eine dem Zinnoberrot sehr ähnliche Farbe.

Alles ist vorbereitet. Erinnere dich an dein Problem, lasse das dazu gehörige Gefühl in deinem Körper spürbar werden. Dein Fetisch hilft dir dabei. Erkläre den drei Nornen dein Problem, bitte sie um Hilfe, und lege deinen Fetisch auf die Rune. Die Aktion ist gestartet, und alles kann seinen Lauf nehmen. Je weniger du daran zweifelst, desto schneller wird die Lösung kommen. Arbeite auch eigenständig an der Auflösung deines Problems. Lasse kleine Schritte zu. Der Rest entwickelt sich von selbst.

Immer wenn du im Raum bist, kannst du die Kerze anzünden. Aus Sicherheitsgründen solltest du sie wieder löschen, wenn du den Raum für längere Zeit verlässt. Der Altar bleibt so lange bestehen, bis ein Ergebnis eingetreten ist, mit dem du zufrieden bist. Dies kann bereits nach Tagen oder auch erst nach Wochen der Fall sein. Dann kannst du ihn auflösen. Wenn du magst, bewahre das Blatt Papier oder das Stück Stoff für spätere Arbeiten mit der Rune NAUDHIZ auf.

TÄGLICHE ÜBUNG

Stelle dich aufrecht hin, Richtung Osten gewandt, die Beine geschlossen. Lasse zunächst deine Arme locker neben dem Körper herabhängen. Atme ruhig und gleichmäßig.

Strecke nun beide Arme waagerecht zur Seite weg. Dies ist die Grundstellung dieser Übung.

Hebe deinen rechten Arm bis über Kopfhöhe an, senke gleichzeitig den linken Arm bis auf Hüfthöhe ab. Sprich während dieser Bewegung laut »NAU«. Bringe die Arme zurück in die Grundstellung, und sprich laut »DHIZ«. Führe dies neun Mal durch. Fühle, wie durch die herunterzeigende Hand die Schwere der Not aus dir herausfließt, während du über die erhobene Hand Hilfe aus den Geistigen Reichen erhältst.

ISA

Buchstabe:	I
Element:	Wasser
Farbe:	Weiß
Mineral:	Bergkristall
Tierwelt:	Eisbär
Pflanzenwelt:	Eibe, Erle, Beinwell
Traditioneller Bezug:	das Eis
Eigenschaften:	im Moment sein, Stillstand, Entschleunigung, innere Zentriertheit

Bedeutung der Rune

ISA erinnert an die Starre des Eises. Sie blockiert jegliche Bewegung. Diese Qualität hilft, im Moment zu bleiben, die Gedanken zu fokussieren und die aktuelle Situation kristallklar wahrzunehmen. Verwirrende und überreizende Einflüsse verlieren unter der Kraft der Rune ISA ihre Wirkung. ISA verbindet dich mit einem ruhigen Punkt in deinem Inneren. Aus dieser Ruhe heraus kannst du die aktuellen Umstände um dich herum erleben. Diese Verhaftung im Hier und Jetzt verbindet dich intensiv mit der Norne Verdandi, die die Fäden der Gegenwart knüpft. Mit klarem Blick erkennst du die Zusammenhänge in der aktuellen Situation und kannst dein Handeln den Erfordernissen entsprechend anpassen.

Der eisige Aspekt der Rune ISA verlangsamt alle Prozesse. Dies gibt dir die Zeit, alle Einflüsse zu prüfen und negative Einflüsse aufzulösen. Die eisige Starre der ISA-Kraft kann allerdings zu depressiver Stimmung führen, wenn du dafür empfänglich bist. Die wirkliche

Veränderung ergibt sich erst, wenn die ISA-Zeit ein Ende hat. Es gilt, dieses abzuwarten. Nutze die Zeit bis dahin für Stille und Rückzug. Verarbeite die Vergangenheit, und sei bereit für die Zukunft.
Ein Anhänger mit der Rune ISA schenkt dir Ruhe und Zeit, dich auf das Wesentliche zu konzentrieren und Strukturen zu klären, die dich bisher begleitet haben.
Im Orakel fordert dich ISA auf, deinen Fokus auf dich selbst zu richten. Prüfe die Gesamtumstände. Wo bist du erstarrt in deinem Verhalten, wo bist du starr in deinem Wollen und Handeln? Nutze die Zeit des Stillstands kreativ, und löse deine Blockaden. Hüte dich vor depressiven Gedanken. Nutze diese Zeit stattdessen für Ruhe, Erholung und Rückblick, um aufzuräumen, zu klären und dich für das Neue zu reinigen.

RITUAL

Das Besondere an der Kraft von ISA ist die Zentrierung im Hier und Jetzt. Ein Symbol für ISA ist der Bergkristall, sein Aussehen verkörpert ihren Eiszapfen-Aspekt. Bei dem folgenden Ritual wird dich eine Bergkristallspitze oder auch eine kleine Bergkristallgruppe hervorragend unterstützen, Trommelsteine jedoch sind nicht geeignet. Die Größe der Steins ist unwichtig. Du kannst auch mit dem Foto einer Bergkristallspitze arbeiten.

ISA unterstützt dich, die echte Klarheit in einer Situation zu erhalten, in der dich ein Gedankenwirrwarr verunsichert und blockiert. ISA wird dich ins Hier und Jetzt zurückholen.

Setze dich in Ruhe hin, irgendwo. Atme ruhig ein und aus. Lege den Bergkristall so vor dich hin, dass du ihn die ganze Zeit über anschauen kannst. Die Spitze des Bergkristalls sollte von dir weg deuten. Atme, und schaue ununterbrochen auf den Bergkristall. Beobachte deine Gedanken: Wohin treiben sie? Lasse sie fliegen, ihren eigenen Weg finden. Deine Aufmerksamkeit bleibt beim Bergkristall, bei deinem Atem. Es gibt nichts zu kontrollieren. Alles darf sein. Atme, und beobachte, wie du dich immer mehr in dir selbst spürst. Mit jedem Atemzug tritt die Entspannung und Klarheit der ISA-Kraft ein. Der Bergkristall wird dich dabei unterstützen.

Beende dieses Ritual, wenn es für dich an der Zeit ist, indem du deinen Kopf ruckartig zur Seite drehst. Damit unterbrichst du den Kontakt zu dem Bergkristall.

Mit ein wenig Übung kannst du dieses Ritual überall für ein paar Minuten durchführen, um dich mit deiner Aufmerksamkeit wieder komplett auf dich und den Moment im Hier und Jetzt zu zentrieren.

TÄGLICHE ÜBUNG

Stelle dich aufrecht hin, Richtung Osten gewandt, die Beine geschlossen. Lasse zunächst deine Arme locker neben dem Körper herabhängen. Zentriere dich über deinen Atem, werde ruhig und entspannt.

Richte dich ganz gerade auf, und drücke zugleich deine Arme fest an deinen Körper. Sprich dabei laut »I«. Halte diese Spannung einen kurzen Moment lang, und lasse dann die Spannung los und deine Arme wieder locker hängen. Sprich dabei »SA«. Führe das Ganze neun Mal durch. Diese kurze Zeit der Anspannung fördert die Fokussierung auf dich selbst. Deine gesamte Wahrnehmung wird auf dich ausgerichtet.

JERA

Buchstaben:	J, Y
Element:	Erde
Farbe:	Grün
Mineral:	Karneol
Tierwelt:	Adler, Henne
Pflanzenwelt:	Apfelbaum, Ahorn, Eiche, Getreide
Traditioneller Bezug:	die Ernte, der Jahreskreis
Eigenschaften:	natürliche Rhythmen und Zyklen beachten, natürliches Wachstum

Bedeutung der Rune

JERA ist die Rune langfristiger Zyklen. Sie führt dich und deine Handlungen in einem natürlichen Rhythmus durch deine Projekte. Alles braucht seine Zeit, und es gibt für alles eine richtige Zeit. Es gibt die Zeit der Ruhe, die Zeit des Säens, die Zeit des Hegens und Pflegens und die Zeit der Ernte. Natürliche Begebenheiten wie die Jahreszeiten, Tag und Nacht, Wärme- und Kältephasen, Wach- und Ruhezeiten beeinflussen das Ergebnis deines Handelns. Beachtest du die natürlichen Rhythmen deines Körpers? Schenkst du dir ausreichend viele bzw. lange Ruhephasen?

Wenn du dein Handeln an den natürlichen Rhythmen und Zyklen ausrichtest, wird vieles einfacher ablaufen. Dann werden deine Projekte nicht nur durch deine eigenen Bemühungen, sondern auch durch die natürlichen Begebenheiten gefördert. Wenn du diese Rhythmen beachtest, wird deine Ernte womöglich großzügiger ausfallen, als du es dir erhoffst. Nutze die fruchtbare Kraft der Natur, lasse dich von ihr unterstützen.

Erkenne an, dass du nichts erzwingen kannst. Du kannst erst ernten, wenn du gesät und das Wachsende gehegt hast. Alles andere ist eine Illusion. So wirkt auch die Rune JERA: Sie lässt dich blinden Eifer erkennen, sodass du wieder in die Geschwindigkeit der Natur zurückkehren kannst.

Am Ende eines Projektes ist es Zeit, zu ernten. Gönne auch dir nach erfolgreicher Arbeit, die Ernte einzufahren. Das Ernten ist eine Zeit der Freude, der Fülle und des Genusses. Bevor die nächste Phase beginnt und du wieder ganz am Anfang stehst, solltest du diese Fülle genießen und dir eine Auszeit gönnen. Schaue zurück, und betrachte den Weg, den du zurückgelegt hast. Aus dieser Rückschau wirst du viel positive Energie für die nächsten Projekte ziehen. Erfolg gibt Mut und Zuversicht.

Möchtest du erreichen, dass deine Projekte und Prozesse fruchtbare Ergebnisse hervorbringen, so fertige dir einen Anhänger mit der Rune JERA an. Trage diesen Anhänger während der aktiven Phase deines Projektes. JERA fördert die Fruchtbarkeit und kann in Fruchtbarkeitsritualen einen guten Dienst erweisen. Zeichnest du diese Rune

im Uhrzeigersinn auf, zeichnest du also zuerst das obere Dreieck, wird der Prozess beschleunigt. Wenn du zuerst das untere Dreieck zeichnest, wirkt die JERA-Kraft gegen den Uhrzeigersinn, und der der Prozess wird verlangsamt.

Im Orakel weist dich JERA darauf hin, dass es an der Zeit ist, deine Planungen mit den natürlichen Rhythmen abzugleichen. Bist du zu schnell, versuchst du womöglich sogar, einzelne Schritte zu überspringen? Oder verpasst du wichtige Gelegenheiten, weil du zauderst? Im Gleichschritt mit den Begebenheiten der natürlichen Kräfte wirst du sanft geleitet und erreichst dein Ziel mit minimalem Aufwand.

RITUAL

Was planst du im Moment? Weshalb kommt die Rune JERA in dein Leben? Sie will dich daran erinnern, dass alles seine naturgegebene Zeit hat. Ihre Kraft unterstützt dich dabei, die natürlichen Zyklen zu erkennen und zu achten.

Erscheint dir JERA als deine Tages- oder Wochenrune, fordert sie dich auf, die entsprechenden Rhythmen zu beachten. Notiere dir für diesen Tag bzw. diese Woche alles, was du in dieser Zeit erledigen möchtest. Male auf das Notizblatt zu Beginn die Rune JERA.[19] Damit lädst du sie als Unterstützerin ein. Erstelle dir eine Liste aller Aktionen. Prüfe dann die mögliche Reihenfolge dieser Aktionen. Betrachte den Tageslauf vom frühen Morgen, der noch alle Kraft des Neubeginns enthält, über den späten Vormittag, an dem du vielleicht eine kleine Pause einlegen solltest, über die Mittagszeit, die deiner Nahrungsaufnahme gewidmet sein sollte, weiter über den frühen Nachmittag, der wiederum eine kleine Pause zur kurzen Erholung beinhaltet, bis hin zum frühen und späten Abend, an dem du Dinge abschließen kannst.

Welche deiner Pläne passen aufgrund der damit verbundenen Handlung in welche Tageszeit? Sortiere deinen Tagesplan entsprechend um, und schreibe ihn neu. Halte dich dann bei der Erledigung deiner Aktionen an diesen Plan. Am späten Abend, wenn dein aktiver Tag sich dem Ende neigt, blicke zurück auf die erledigten Aufgaben. Wie gut gingen sie dir von der Hand? Wie gut hast du den für die Arbeit benötigten Energieaufwand eingeschätzt? Auf diese Weise wirst du erkennen, dass du einem natürlichen Rhythmus unterliegst und du wesentlich effektiver arbeiten kannst, wenn du dich in deinem natürlichen Gefüge akzeptierst.

19 Du kannst sie klein in einer Eckes des Blattes platzieren, du kannst sie ebenso gut ganz groß über das gesamte Blatt malen.

Wählst du bewusst die Unterstützung der Rune JERA für das Erreichen eines bestimmten Zieles, dann betrachte vorher die Art des geplanten Ergebnisses. Soll etwas neu wachsen, oder willst du etwas bereits Bestehendes loslassen? Beachte die Rhythmen eines Tages, eines Monats, der Jahreszeiten. Alles hat seine besondere Qualität und unterstützt dich bei der Umsetzung deines Vorhabens, wenn du es zulässt. Untersuche, welche natürliche Begebenheiten sich auf dein Vorhaben unterstützend auswirken könnten, und passe deinen Plan diesen Gegebenheiten an. Lasse dich dabei von der Kraft von JERA leiten.

TÄGLICHE ÜBUNG

Stelle dich aufrecht hin, Richtung Osten gewandt, die Beine geschlossen. Lasse zunächst deine Arme locker neben dem Körper herabhängen. Zentriere dich über deinen Atem, finde Ruhe und Entspannung.

Berühre mit den Fingerspitzen der rechten Hand deine Stirn, und stütze zeitgleich deine linke Hand hinten im Hüftbereich auf. Sprich dabei »JE«. Bringe deine Arme wieder an die Körperseiten zurück, und lasse sie locker hängen. Sprich dabei »RA«. Führe diese Bewegungsabfolge neun Mal durch. Die Stellung der Arme lässt dich deine Rolle bei der Verbindung von Vergangenheit und Zukunft erkennen.

EIHWAZ

Buchstabe:	EI
Elemente:	alle
Farbe:	Dunkelblau
Mineral:	Rubin
Tierwelt:	Krähe
Pflanzenwelt:	Eibe, Tollkirsche
Traditioneller Bezug:	der Weltenbaum
Eigenschaften:	Einweihung, höhere Bewusstseinsebene, Erneuerung, intimes Wissen um das Mysterium von Leben und Sterben

Bedeutung der Rune

Die Energie der Rune EIHWAZ zeichnet sich insbesondere durch ihre Fähigkeit, Einweihungen einzuleiten, aus. Sie lässt dich Zusammenhänge begreifen und schenkt dir das Durchhaltevermögen, diese Chance zur Weiterentwicklung anzunehmen. EIHWAZ lässt dich das Mysterium von Leben und Sterben, von Aufstieg und Hingabe zum Loslassen erkennen. Willst du »das Leben« verstehen, musst du in die Tiefe gehen. EIHWAZ lässt dich – ohne Rauschmittel – Zugang zu veränderten Bewusstseinszuständen erleben. Du kannst die Zusammenhänge des Lebens erkennen, was Toleranz und Verständnis gegenüber deinen Mitmenschen entstehen lässt. Unter ihrem Einfluss wirst du alte Vorurteile und Glaubenssätze gehen lassen und dich für den Neubeginn auf einer höheren Ebene öffnen.

Der Rune EIHWAZ wird eine Verbindung zur Eibe nachgesagt. Die Eibe gilt als der Baum des Todes und des ewigen Lebens. Eiben kön-

nen weit mehr als 3000 Jahre alt werden und erleben folglich sehr viel. Das tiefe, alte Wissen, das sie so erwerben, geben sie an dich weiter, wenn sie spüren, dass du ernsthaft daran interessiert bist. Wenn du dich mit der Rune EIHWAZ und dadurch mit der Eibenkraft verbindest, machst du Erfahrungen auf einer besonderen Ebene.
Eiben sind immer in Wandlung begriffen. Diese Eigenschaft schenkt dir auch die Rune EIHWAZ. Unter ihrer Führung wandelst du dich. Du legst alte Überzeugungen ab und lernst Neues hinzu. Eiben sind mit dem Tod verbunden, weil sie in vielen ihrer Teile stark giftig ist. Und doch ermöglicht dir die Eibe und damit auch die Rune EIHWAZ eine starke Wandlung. Sie können dir als Kanal dienen, Altlasten gehen zu lassen.
Eibenholz ist sehr hart und ausdauernd. Selbst wenn eine Eibe innen hohl ist, kann der Baum noch viele Hundert Jahre wachsen und leben. Diese harte Außenschicht schützt dich vor allen etwaigen Angriffen, die von außen gegen dich ausgeführt werden. Eibenholz soll zudem eine gute Abwehr gegen alles Böse und Dämonische bieten. Diese Verbindung zwischen der Eibe und der Rune EIHWAZ ermöglicht dir tief gehende Erlebnisse, die dich viele Situationen neu überdenken lassen.
Als Anhänger getragen hilft dir die EIHWAZ-Kraft, aufrecht stehen zu bleiben und Neuerungen mutig ins Gesicht zu schauen. Besonders stark unterstützend wirkt dieser Anhänger, wenn er aus Eibenholz gefertigt ist. Aber Achtung: Beim Sägen und Schmirgeln von Eibenholz solltest du unbedingt einen Mundschutz tragen und im Freien arbeiten. Eibenholzstaub ist giftig!
Taucht die Rune EIHWAZ im Orakel auf, steht für den Bereich, auf deren Position sie zu liegen kommt, eine starke Veränderung und Entwicklung an. Es erweist sich jedoch als äußerst kompliziert, unter dem Einfluss von EIHWAZ wichtige Entscheidungen zu fällen, weil die vertrauten, alten Strukturen und gewohnten Verhaltensweisen dafür nicht mehr ausreichen. Es steht Neues an, neue Ebenen öffnen sich. Sei bereit für Wandel und Fortschritt.

RITUAL

EIHWAZ ist eine sehr mächtige Rune. Die starke Rinde der Eibe bietet dir Halt und ist dir Stütze. Sie steigert deinen Lebenswillen und schenkt dir den Mut, Neuland zu betreten.

Um diese Wirkung zuzulassen, stelle dich aufrecht hin, die Füßen etwa schulterbreit auseinander. Lasse deine Arme locker hängen. Atme tief ein und aus, und spüre, wie die einströmende Luft dich aufrichtet. Lasse den Atem ganz tief hinab in deinen Körper strömen. Dich zu stärken und aufzurichten, ist eine der wirkungsvollen Eigenschaften der EIHWAZ. Spüre, wie die Kraft von EIHWAZ, von deinem Atem gestärkt, deine Wirbelsäule entlangströmt, wie du dich aufrichtest und wie sich die Schultern immer mehr lockern.

»Aufrecht stehen, mutig gehen« ist die Schwingung, die von der Rune EIHWAZ in dein Leben gebracht wird. Atme, und folge mit deiner Aufmerksamkeit deinem Atem. Mit jedem Atemzug wird dein Geist klarer, und dein Weg zeichnet sich vor deinem inneren Auge ab.

Du selbst entscheidest, wie lange du dieses Atemritual durchführst. Du kannst es immer wieder anwenden, wenn du merkst, dass du dich verzettelst und dir deine klare Ausrichtung abhandengekommen ist.

TÄGLICHE ÜBUNG

Stelle dich aufrecht hin, Richtung Osten gewandt, die Beine geschlossen. Lasse zunächst deine Arme locker neben dem Körper herabhängen. Atme ruhig und gleichmäßig.

Hebe den rechten Arm nach vorn bis auf Bauchnabelhöhe an, und hebe gleichzeitig den Unterschenkel des linken Beins nach hinten hoch. Sprich während der Bewegung laut »EIH«. Halte diese Stellung einen kurzen Moment lang. Lasse dann den Arm und Unterschenkel wieder sinken, und sprich dabei »WAZ«. Führe diese Bewegungsabfolge neun Mal durch, wobei im Wechsel der linke Arm zusammen mit dem rechten Unterschenkel und dann wieder der rechte Arm zusammen mit dem linken Unterschenkel angehoben wird. Diese Übung fördert den Energiefluss durch deinen gesamten Körper und verleiht ihm zudem frische Energie. Die Form des Energieflusses ähnelt einer Acht, dem Symbol für die Unendlichkeit, wodurch der nie endende kosmische Energiefluss betont wird.

PERTHRO

Buchstabe:	P
Element:	Wasser
Farbe:	Schwarz
Mineral:	Aquamarin
Tierwelt:	Rabe, Frosch
Pflanzenwelt:	Schneeball, Schafgarbe, Eisenhut
Traditioneller Bezug:	der kosmische Würfelbecher
Eigenschaften:	Chancen nutzen, mit dem Wyrd[20] verbunden

Bedeutung der Rune

PERTHRO ist die Rune der Entscheidung. Sie unterstützt dich dabei, die richtige Wahl zu treffen. Im Volksmund wird sie auch der »kosmische Würfelbecher« genannt. Wie die Würfel fallen, so gestalten sich deine Möglichkeiten. PERTHRO zeigt dir deine Chancen auf, sodass du dein inneres Potenzial erkennen kannst. Ihre Kraft wirkt sich positiv auf den von dir gewählten Weg aus. PERTHRO birgt aus alten Zeiten einen enormen Erfahrungsschatz im Bereich der Entscheidungen. Sie ist mit dem alten Wissen, das im Wyrd gespeichert ist, verbunden, und hilft dir, es daraus abzurufen.

Verbinde dich mit der Rune PERTHRO,[21] bevor du eine Entscheidung fällst. Durch die Kraft von PERTHRO erkennst du, was Schicksal bedeutet. Sie entlässt dich in die Freiheit, die Wirkung von alten

20 Das Wyrd ist das Energienetz, über das alles miteinander verbunden ist. Im Wyrd sind die Gegenwart und die Vergangenheit gespeichert. Nach der Überlieferung weben die drei Schicksalsweberinnen Urd, Verdandi und Skuld die aus Vergangenheit und Gegenwart abgeleiteten Geschicke der Zukunft ins Wyrd hinein.

21 Etwa indem du die unter »Tägliche Übung« erklärte Vorgehensweise anwendest.

Glaubenssätzen aufzulösen, und schenkt dir den Mut, sich ergebende Chancen zu nutzen.
Wie der Würfel den Zufall in dein Leben lässt, wenn er aus dem Würfelbecher rollt, so vermittelt uns PERTHRO den Eindruck, dass Glück und Zufall von außen in dein Leben treten. Letztendlich ist alles, was wie ein Zufall aussieht, schon lange im Voraus für deinen Lebensweg eingeplant. PERTHRO macht dieses »Zufällige« offensichtlich. Die Art und Weise, wie diese Situationen in dein Leben gewürfelt werden, gibt dir Raum für Kreativität und schöpferisches Entwickeln. PERTHRO bringt Struktur in deine Möglichkeiten und unterstützt dich bei der Entscheidungsfindung.
Bedenke: Du hast immer eine Wahl. Es bleibt deine freie Entscheidung, welchen Weg du einschlägst. Der Weg der Wahrheit zeigt dir deutlich auf, wie du dein Schicksal selbst in die Hand nimmst. PERTHROs wahre Kraft liegt im Ungewissen. Ihre Eigenschaft ist, anders als die der übrigen Runen, nicht klar umrissen oder eindeutig festzuschreiben. PERTHRO zeigt so viele Facetten. Sie unterstützt zudem alle anderen Runen dabei, gesehen und verstanden zu werden.
Liegend erinnert die Rune PERTHRO an einen Sammelbeutel, etwa an den Beutel, in dem Runen aufbewahrt werden. Da sie in enger Beziehung zu den weiblichen Mysterien steht, wird sie traditionell auch mit dem heiligen Raum im Mutterleib assoziiert. Offensichtlich ist, dass Menschen als Schlafstellung häufig genau die Form der Rune PERTHRO einnehmen.
PERTHRO fördert die Fähigkeit der Weissagung. Ein Anhänger mit ihrem Zeichen unterstützt dich beim Erkennen der Zusammenhänge eines Orakels.
Zeigt sich die Rune PERTRHO im Orakel, dann überprüfe die Handlungsmöglichkeiten, die sich aufgrund der gestellten Frage ergeben. Beachte alle alternativen Wege.

RITUAL

PERTHRO unterstützt dich dabei, das eigentlich Unsichtbare sichtbar zu machen. Doch was ist das Unsichtbare in deiner aktuellen Situation? Ein Orakel bringt dir Klarheit darüber. PERTRHO hilft dir bei den Entscheidungen, wenn du nicht genau weißt, wofür du dich entscheiden sollst. Sie sagt: »Du hast die Wahl.«

Wie lautet deine Frage? Male die Rune PERTHRO auf ein Blatt Papier. Schreibe deine Frage unter die Rune. Formuliere sie eindeutig und so, dass keine Ja/Nein-Antwort möglich ist.

Wofür sollst du dich entscheiden? Was glaubst du, wäre das Richtige? Fertige dir kleine Zettel an, einen für jede Lösungsmöglichkeit, die du in Betracht ziehst. Du musst dich nicht einschränken auf eine festgelegte Anzahl von Möglichkeiten. Vielleicht magst du sogar zusätzlich einen leeren Zettel fertigen, der bedeutet, dass es für diese Frage noch keine Lösung gibt.[22] Stelle in diesem Fall diese Frage zu einem späteren Zeitpunkt erneut, wenn dir die Antwort darauf dann noch wichtig sein sollte.

Stelle ein Gefäß, das groß genug ist, alle Zettel aufzunehmen, auf das Blatt mit der Rune. Du kannst dafür gern einen richtigen Würfelbecher verwenden. Falte alle kleinen Zettel zwei Mal, und gib sie in das Gefäß. Lies jetzt laut deine Frage vor, und schüttle die Zettel in dem Gefäß gründlich durch. Atme tief ein und aus, bitte um die Lösung für deine Aufgabe, und greife dir einen Zettel aus dem Gefäß. Verhandle nicht, sondern akzeptiere, welche Lösung sich dir unter PERTHROs Einfluss zeigt.

Verbrenne die restlichen Zettel, ohne sie noch einmal zu öffnen. Sie waren nur weitere Angebote deines Verstandes. Dein Herz hat seinen Weg bereits gewählt.

---

22 Vergleiche hierfür »Odins Rune« auf Seite 134

TÄGLICHE ÜBUNG

Setze dich mit ausgestreckten Beinen hin, Richtung Osten gewandt. Deine Arme liegen locker auf den Oberschenkeln. Zentriere dich über deinen Atem, werde ruhig und entspannt. Das ist die Grundstellung dieser Übung.

Ziehe die Knie näher zu dir heran, und stelle deine Ellenbogen auf den Knien ab. Sprich während der Bewegung laut »PER«. Halte diese Spannung für einen kurzen Moment. Nimm dann wieder die Grundstellung ein, und sprich dabei »THRO«. (Sollte die Übung so für dich zu anstrengend sein, reicht es auch aus, sie nur mit der rechten oder der linken Körperseite durchzuführen.) Führe die Bewegungsabfolge neun Mal durch. PERTHROs Stellung zwingt dich, ganz eng mit dir selbst zusammenzukommen. Durch das Lösen öffnest du dich wieder der Lebendigkeit und Freiheit.

ALGIZ

Buchstabe:	Z
Element:	Luft
Farbe:	Hellgrün
Minerale:	Achat, Schiefer
Tierwelt:	Schwan
Pflanzenwelt:	Eibe, Schilfgras
Traditioneller Bezug:	die Elchkraft
Eigenschaften:	gesunde Grenzen, Schutz, Verteidigung, Ausrichtung, Freiheit

Bedeutung der Rune

ALGIZ ist eine jener Runen, die dir Schutz und Verteidigung bringen. Sie baut gesunde Grenzen auf und definiert klar: »Bis hierher und nicht weiter. Dein Bereich, mein Bereich.« Die Grenzen von ALGIZ bewahren dich vor Angriffen, lassen aber das durch, was für dich förderlich und wichtig ist.

Wie das Schilfgras bei unachtsamer Berührung unangenehme Schnitte in bloßer Haut erzeugt, so zieht ALGIZ mit seinen scharfen Kanten eine klare Linie. Stellst du die Form der Rune mit deinem Körper nach, entsteht das Bildnis eines Menschen, dessen Füße fest auf dem Boden stehen und dessen Arme sich in den Himmel strecken. Zwischen Erde und Himmel fest verankert, erhältst du den Schutz von Mutter Erde und den kosmischen Kräften.

Die Anbindung zur Geistigen Welt lässt dich einen guten Kontakt zu deinem Höheren Selbst aufbauen, ALGIZ gönnt dir Ruhe und Gelassenheit. Du gehst gefestigt in die Situationen hinein und findest die Energie für alle Unternehmungen und Erlebnisse der Zukunft. Verfolge deine Pläne achtsam und ohne Hast. Erst wenn du der Zeit vorauseilen möchtest, läufst du Gefahr, dich am »scharfen Schilf« des Lebens zu schneiden.

Ein Anhänger mit dem Zeichen der Rune ALGIZ schützt dich überall vor fremden Übergriffen und hält selbstständig diesen Schutz aufrecht. Du brauchst dich nicht darum kümmern. Dieser Anhänger knüpft deine Verbindung zwischen dem menschlichen und dem kosmischen Bewusstsein. Erinnere dich: Die Form der Rune AlGIZ symbolisiert den Menschen zwischen Himmel und Erde. Der mit der Rune ALGIZ verbundene Elch schützt dich als Totemtier mit seiner Kraft. Seine Fähigkeit, Gefahr schon auf weite Entfernung wahrzunehmen, lässt dich rechtzeitig auf negative Einflüsse reagieren.

Im Orakel zeigt ALGIZ dir, dass du deinen Schutz überprüfen solltest. Extremer Stress könnte dich anfällig machen für Energieraub. Achte auf deine »Schutzwände«, und gehe nicht leichtfertig mit deiner Energie um. ALGIZ mit ihrem »Geweih« fordert dich auf, die Impulse auszuwerten, die du über deine Chakren aufnimmst. Bitte die Geistige Welt, für dich den harmonischen und förderlichen Schutz aufrechtzuerhalten, der deine Projekte umgibt. Obwohl viele Gefahren auf deinem Weg sind, brauchst du nicht vor dem nächsten Schritt zurückzuschrecken, denn es umgibt dich ein ausgewogener Schutz.

RITUAL

Der sich von selbst errichtende Schutzraum ist das Besondere an der Kraft von ALGIZ. Mit ihrer Unterstützung behältst du den Freiraum, der dir guttut. In welchen Situationen fühlst du dich eingeengt? Welchen Situationen fühlst du dich ausgeliefert? Dank der Eigenschaften der Rune ALGIZ kannst du jederzeit einen Bereich ohne Enge um dich herum errichten.

Für dieses Ritual benötigst du einen kleinen, flachen Stein mit glatter Oberfläche, den du täglich mit dir herumtragen kannst. Ein flacher Kieselstein ist besonders gut geeignet. Rufe diesen Stein, und sei achtsam. Er wird dich zu sich führen.

Wenn du für den nächsten Schritt bereit bist, gehe erneut in die Natur hinaus, und lasse dich zu einem Baum führen, dessen Äste dir die Form der Rune ALGIZ zeigen. Gehe langsam auf diesen Baum zu, Schritt für Schritt. Bitte den Baum darum, mit ihm körperlichen Kontakt aufnehmen zu dürfen. Warte, und spüre deinem Gefühl nach. Wie weit darfst du dich dem Baum nähern? Gib euch beiden für die Annäherung Zeit. Erlebe die Präsenz des Baumes, fühle dich in sein Wesen ein. Irgendwann, wenn eure Wesen miteinander in Gleichklang schwingen, wird er dir die Berührung erlauben. Vielleicht wird es nicht beim ersten Besuch dazu kommen. Danke ihm in diesem Fall für die bisherige Kommunikation, und versprich ihm, wiederzukommen. Versuche es dann an einem anderen Tag erneut.

Wenn du den Baum berühren darfst, nähere dich ihm behutsam und aufmerksam. Lehne dich rücklings mit deinem ganzen Körper an seinen Stamm. Fasse seine Rinde mit den Händen. Ihr seid nun miteinander verbunden. Fühle die Kraft, die von »deinem« Baum ausgeht. Bitte nun den Baum, um dich herum einen Schutzkreis zu errichten. Nimm wahr, wo dieser Kreis verläuft. Wie groß ist der Abstand zwi-

schen dir und dem Kreisrand? Dieser Abstand ist der Freiraum, den du zwischen dir und anderen Menschen benötigst. Präge ihn dir gut ein. Der Baum erkennt deine Bedürfnisse, wenn du es zulässt.
Wenn du magst, verweile noch ein wenig bei dem Baum, und tanke von seiner Energie. Danke ihm von Herzen, und wenn es für dich so weit ist, gehe wieder zurück.
Nimm dir anschließend die Zeit, auf den Stein, den du vor dieser Aktion gefunden hast, mit zinnoberroter Farbe die Rune ALGIZ zu malen. Erinnere dich dabei an den Freiraum, deinen persönlichen Schutzraum, den dir der Baum gezeigt hat. Kraft deiner Erinnerung speicherst du durch das Aufmalen der Rune ALGIZ genau diesen Schutzraum um dich herum in diesem Stein. Zukünftig wirst du dir immer, wenn du diesen Stein berührst, dieses Schutzes gewahr werden, den die Rune ALGIZ für dich errichtet. Dieses Wissen gibt dir den Mut, dich auf die Besonderheiten des Lebens einzulassen.

TÄGLICHE ÜBUNG

Stelle dich aufrecht hin, Richtung Osten gewandt, die Beine geschlossen. Lasse zunächst deine Arme locker neben dem Körper herabhängen. Atme ruhig und gleichmäßig. Zentriere dich über deinen Atem.
Strecke beide Arme zur Seite aus, und hebe sie bis über Kopfhöhe an. Sprich dabei laut »AL«. Dein Körper zeigt nun die Rune ALGIZ. Senke deine Arme wieder herab an die Seiten deines Körpers, und sprich dabei laut »GIZ«. Führe diese Bewegungsabfolge neun Mal durch. Als der Mensch zwischen Himmel und Erde, der du bist, kannst du vielleicht schon spüren, wie du in den kosmischen Tanz der Energien aufgenommen wirst, wenn du die ALGIZ-Stellung einnimmst.

SOWILO

Buchstabe:	S
Element:	Luft
Farbe:	Gold
Mineral:	Rubin
Tierwelt:	Falke, Habicht
Pflanzenwelt:	Weide, Kamille
Traditioneller Bezug:	die Lebenskraft, die Sonne
Eigenschaften:	Intention (Absicht) im Einklang mit dem Seelenselbst, Lebenskraft, Heilung, Motivation zur Veränderung

Bedeutung der Rune

Die Kraft von SOWILO steht in direkter Verbindung mit der Sonnenkraft. Wie die Natur mit der Kraft der Sonne aufblüht, so wirst auch du in der Verbindung mit der Sonne aufblühen. Der Einfluss und die Wirkung der Sonne gelten bei allen Menschen als Quelle der Freude und des Lebens. SOWILO ist die Leben spendende Wärme und Energiequelle. Sie wird dir Antrieb geben, wenn deine Lebensenergie auf Sparflamme brennt. SOWILO bringt dich wieder den Wünschen und Zielen deines Seelenselbst näher. Sie lässt dich im Einklang mit den Plänen deiner Seele agieren. Durch die Rune SOWILO wirkt der Wille des Universums. Ihre Energie motiviert dich, Veränderungen zuzulassen. Sie gibt dir den Ansporn, ein lebendiges Leben zu führen. Sie baut dich auf und sorgt dafür, dass deine Energie von selbst in den richtigen Bahnen fließt. SOWILO leitet dich bei deinem Streben nach Vollständigkeit und Ganzheit auf allen Ebenen. Wo viel Sonne ist, da zeigen sich auch die Schatten. Betrachte unter dem Einfluss dieser Lebenskraft auch deine Schattenseiten, und versöhne dich mit ihnen. Daraus wirst du Lebensfreude entwickeln und Aufrichtigkeit zu dir selbst.

SOWILOs Energie kann nicht in kleinen »Happen« genossen werden. Hier gilt: ganz oder gar nicht. Versuchst du, dich nur halbherzig mit der Kraft der SOWILO zu verbinden, führt das unweigerlich zu Unausgeglichenheit in deinem Leben. Ihre Energie ist aufrichtig und stark. Sie hilft dir, dich klar um das Erreichen deiner Pläne zu kümmern. Unter dem Einfluss der SOWILO solltest du somit genau prüfen, welche Ziele du erreichen willst, ob sie wirklich im Einklang mit deinem Seelenplan stehen. Du kannst die von der Rune gelieferte Energie für alles nutzen. Dem Ego entspringende Pläne werden dich jedoch von deinem eigentlichen Weg abbringen. SOWILO selbst wertet nicht, sie stellt dir die Energie absichtslos zur Verfügung. Du trägst die Verantwortung für deine Entscheidungen und die daraus resultierenden Ergebnisse.

Als Amulett getragen liefert dir die Rune SOWILO überschäumende Lebensenergie und kraftvollen Lebenswillen. Sie öffnet den Zugang zu unbegrenzten Energiereserven und zeigt dir deinen Weg auf.

Es ist keine Zeit zum Ausruhen oder für Urlaub, wenn sich die Rune SOWILO im Orakel zeigt. Dann ist es angebracht, die Dinge zum Reifen zu bringen. Erkenne deine Schwachstellen, und ändere sie. Unter dem Einfluss der SOWILO wirst du über ausreichend Potenzial verfügen, um in der Innenschau die Ursachen zu erkennen und diese zu wandeln. Es ist jetzt eine gute Zeit, Lösungen zu finden für alle länger andauernden Zweifel und Probleme. Taucht bei einer Runenlegung die Rune SOWILO als Endergebnis auf, sagt dir dieses einen Sieg voraus. Du wirst dein Ziel erreichen.

RITUAL

SOWILOs Kraft richtet dich auf, und du kannst aufrichtig deinen Weg gehen. SOWILO ist intensiv mit deiner Wirbelsäule verbunden. Stelle dich immer wieder, wenn die Sonne scheint, auf einen freien Platz, wo du in der Sonne auftanken kannst. Stelle dich aufrecht mit erhobenen Armen hin, und fühle, wie die Sonnenkraft durch dich hindurchfließt. Recke dein Gesicht der Sonne entgegen. Lasse diese Wärme und das Licht in alle Bereiche deines Körpers fließen. Spüre die Lebendigkeit, die in dir entsteht. Wenn du magst, wiege sanft deine Hüften. Lasse deine Arme und deine Schultern in der Sonne kreisen. Bewege dich, und spüre die Weichheit, die durch diese Kraft der Sonne in dir entsteht. Wenn du magst, tanze und genieße diese Lebendigkeit. Atme diese Kraft in dich hinein. Fühle dich zwischen Himmel und Erde gehalten. Die Kraft des Universums nährt dich. SOWILO schenkt dir die Lebenskraft. Genieße dieses neue Lebendigsein.

TÄGLICHE ÜBUNG

Stelle dich aufrecht hin, Richtung Osten gewandt, die Füße ungefähr schulterbreit auseinander. Lasse zunächst deine Arme locker neben dem Körper herabhängen. Atme ruhig und gleichmäßig.

Gehe leicht in die Hocke, und lege dabei die Hände auf deine Knie. Strecke dein Gesäß leicht nach hinten, dein Oberkörper ist leicht nach vorn gebeugt. Sage beim In-die-Hocke-Gehen laut »SO«. Halte die Position für einen Moment, und sage laut »WI«. Richte dich wieder auf, und sage dabei laut »LO«. Führe diese Bewegungsabfolge neun Mal durch. Spüre den entstehenden Drang, dich vorwärts zu bewegen: Erst nimmst du dich zurück in die Hocke, um dich anschließend wieder dem Universum entgegenzurecken.

3. Aett, Tyrs Aett – Der Mensch in seiner Entwicklung

»Was unterstützt mich dabei, ein ausgeglichenes und harmonisches Leben mit mir selbst und meinen Mitmenschen zu führen?«

Was kannst du als Mensch tun, um ein für dich harmonisches Leben führen zu können? Beim 3. Aett geht es weniger um die materiellen Dinge im Leben als um deine Rolle in der Gesellschaft, innerhalb deiner Familie. Wie kannst du mit deinen Ideen und Ansichten positiv auf deine Mitmenschen einwirken? Es geht um deine Beziehungsfähigkeit, auch hinsichtlich der Beziehung zu dir selbst. Worin und wie findest du deine geistige Heimat? Woher kommst du, wer sind deine (geistigen) Ahnen? Erkenntnis schenken dir die Runen des 3. Aett und lassen dich reifen für ein Leben als starkes Mitglied in einer Gemeinschaft.

Zum 3. Aett gehören die Runen TIWAZ, BERKANA, EHWAZ, MANNAZ, LAGUZ, INGWAZ, DAGAZ und OTHALA.

TIWAZ

Buchstabe:	T
Element:	Luft
Farbe:	Rot
Mineral:	Koralle
Tierwelt:	Wolf, Star
Pflanzenwelt:	Stechpalme, Eisenhut
Traditioneller Bezug:	der Pfeil, der Speer
Eigenschaften:	Zusage, Verbindlichkeit, Einverständnis, Mut, göttlicher Wille, gerechter Ausgleich

Bedeutung der Rune

Die Rune TIWAZ wird traditionell die »Kriegerrune« genannt. Der Begriff »Krieger« wird im Allgemeinen sofort in Verbindung mit Kampf, Vernichtung und Töten gebracht. Die Kraft der Rune TIWAZ jedoch bringt den friedlichen Krieger in dir zum Vorschein: den aufrechten Krieger, der Entscheidungen trifft und sich seiner Verantwortung bewusst ist.

TIWAZ gibt dir die Stärke, ritterlich für deine Überzeugung einzustehen, und somit auch die Kraft, auf etwas zu verzichten, dem du nicht wirklich zustimmen kannst. Du wirst nur jenen »Herren dienen«, deren Handeln deiner Überzeugung entspricht. Infolge deiner Bereitschaft, durch Verzicht Opfer zu bringen, gewinnst du hinzu: Du erkennst, was wichtig und richtig ist, wofür dein Herz brennt.

Unter TIWAZ bist du aufgefordert, zu prüfen, welches Ziel du mit deinem imaginären Pfeil anvisierst. Gerechtigkeit, Aufrichtigkeit und Ehrlichkeit sind die Charaktereigenschaften, die durch die Rune

TIWAZ gefördert werden. Du wirst herausgefordert, immer die Weitsicht zu behalten und den rechten Weg zu erkennen.

TIWAZ fördert deinen Mut, deiner Wahrheit treu zu bleiben. Alles das, was dich ausmacht, das, was wirklich dein wahres Selbst ist, wird sich unter dem Einfluss der TIWAZ-Kraft zeigen. In Konflikten wirst du ruhig und konstruktiv reagieren und für dich einstehen. Dabei beachtest du die Auswirkungen deines Handelns auf deine Mitmenschen. Dein Tun steht im Einklang mit deinem Platz in der Gemeinschaft.

Willst du Klarheit in deinen Gedanken und in deinem Handeln erreichen, so fertige dir einen Anhänger mit der Rune TIWAZ an. Er wird dich bei deiner Fokussierung auf dein Ziel unterstützen und deine Gedanken klären.

Im Orakel stärkt dich die Rune TIWAZ dabei, an das Erreichen deines Zieles zu glauben. Sie lässt dich erkennen, welche Mittel und Wege dir im Einklang mit den kosmischen Gesetzen und mit deiner eigenen Wahrhaftigkeit zur Verfügung stehen.

RITUAL

Wofür brauchst du Klarheit und Durchhaltevermögen? Was ist dein Plan? Wobei darf dich die Kraft der Rune TIWAZ unterstützen? Was ist für dich vorrangig? Erstelle dir eine Liste, wenn es dir nicht klar ist. Nimm dir ein schönes Blatt Papier zur Hand, und notiere in wenigen Sätzen dein Ziel. Beschreibe es so genau, wie es dir möglich ist. Je genauer du ein Ziel beschreibst, desto weniger Kompromisse wird das Ergebnis beinhalten. Schreibe es für dich »schön« auf, damit zu erkennen ist, dass es dir sehr wichtig ist, ein Herzenswunsch. Überlege, ob du das Blatt zusätzlich noch mit Verzierungen versiehst. Schönheit und Zierde geben dem notierten Ziel einen würdigen Rahmen. Zeichne zum Abschluss diagonal von links unten nach rechts oben einen dicken, roten Pfeil über das Geschriebene. Beim Zeichnen dieses Pfeiles bitte um die Unterstützung von TIWAZ.
Lege dieses Blatt an einen geschützten Ort, wohin dein Blick häufig fällt, gern auf deinen persönlichen Altar. So wird dein Bewusstsein immer wieder daran erinnert, dass dir auf deinem Weg Unterstützung zukommen wird.

TÄGLICHE ÜBUNG

Stelle dich aufrecht hin, Richtung Osten gewandt, die Füße dicht beieinander. Lasse zunächst deine Arme locker neben dem Körper herabhängen. Atme ruhig und gleichmäßig.

Stelle dich auf die Fußspitzen, und hebe gleichzeitig die gestreckten Arme seitlich bis auf Bauchnabelhöhe an. Sage dabei laut »TI«. Dein Körper zeigt nun die Form der Rune TIWAZ. Stelle die Fersen wieder auf den Boden, und lege deine Arme wieder seitlich an den Körper. Sage dabei laut »WAZ«. Führe diese Bewegungsabfolge neun Mal durch. Spüre während der Übung in dich hinein, und nimm wahr, wie die Kraft von TIWAZ deinem Körper die Spannung eines Pfeiles verleiht.

BERKANA

Buchstabe:	B
Element:	Erde
Farbe:	Grün
Mineral:	Mondstein
Tierwelt:	Katze, Fasan
Pflanzenwelt:	Birke, Flachs, Orchidee
Traditioneller Bezug:	die Brüste von Mutter Natur
Eigenschaften:	Geburt neuer Ideen, sich nähren, spiritueller Neubeginn, ausgeglichene weibliche sexuelle Kraft, Obhut, Nahrung für Körper, Geist und Seele

Bedeutung der Rune

BERKANA wird traditionell mit den »Brüsten von Mutter Natur« assoziiert. Nähren, Versorgen und Halten sind die Stärken von BERKANA. Sie holt dich ab bei deiner Geburt und begleitet dich durch die Entwicklung deines spirituellen Kindseins bis hinein in die Pubertät. Wie eine Mutter ihr Neugeborenes behütet und ihm in ihren Armen Sicherheit vermittelt, so begleitet dich BERKANA bei allen deinen Schritten hin zu neuen Gefilden. Sie vermittelt dir den Mut, dich aufzumachen und Neues zu erobern.

Weibliche Schöpfungskraft gepaart mit der Inspiration der weiblichen Mysterien von Geburt und Neubeginn bringt dich auf den Weg, deinen Platz in der Gemeinschaft der Menschen zu finden. BERKANA lässt dich deine eigenen weiblichen Anteile wahrnehmen und dich den weiblichen Aspekt deiner Sexualität annehmen. Sie erinnert

dich an deine Sinnlichkeit und Sanftheit und zugleich an das Kraftvolle deiner Weiblichkeit.
Ein BERKANA-Anhänger verleiht dir Ausgeglichenheit und Ruhe. Diese lassen dich deine mentale Stärke spüren und in allen Situationen gelassen reagieren. Außerdem findest du den Mut für einen Neubeginn. Neue Projekte laufen leichter an, wenn sie von der Kraft von BERKANA unterstützt werden. Sie schenkt deinen Projekten einen fruchtbaren Boden, auf dem sich die Dinge zwar langsam, aber stetig weiterentwickeln können. Unter dem Einfluss der BERKANA will zudem vieles gelernt werden. Wie ein Kleinkind erst langsam das Laufen lernt, so brauchen auch deine Projekte die Zeit für ihre natürliche Entwicklung. Wenn die Basis bereitet ist, kannst du vertrauensvoll ins Leben starten.
Bereite dich auf eine abenteuerliche Zeit des Neubeginns vor, wenn die Rune BERKANA in deinem Orakel erscheint. Neue Ideen wollen gesehen werden und drängen sprudelnd ins Außen. Die Birke war einer der ersten Bäume, die sich nach der letzten Eiszeit auf der Erde verbreiteten. Genau dieser Mut und das Selbstvertrauen der Birke stehen dir jetzt zur Verfügung. Lasse dich darauf ein, und erfahre neue Wege.

RITUAL

Im gleichen Maße, wie BERKANA dir das Gefühl schenkt, gut behütet und versorgt zu sein, so fordert sie dich auf, Fürsorge für dich selbst zu tragen. Kümmerst du dich ausreichend um deine Bedürfnisse? Nährst du dich sowohl auf der körperlichen als auch auf der mentalen Ebene? Was würde dir *jetzt* guttun? Was hast du schon sehr lange nicht mehr für dich getan – oder für dich tun lassen – und würde dich erfreuen?

Setze dich an einen gemütlichen Platz, und lasse deine Erinnerungen in dir aufsteigen. Was könntest du für dich tun oder organisieren, wonach dein Herz sich ganz besonders sehnt? Die Rune BERKANA ermahnt dich, liebevoll und sorgsam mit dir selbst umzugehen. Häufig übersehen wir unsere Bedürfnisse, während wir uns um die Erledigung der alltäglichen Arbeiten kümmern. Die Befriedigung, die durch Materielles erlangt werden kann, erreicht jedoch nicht unbedingt unsere Seele. Was berührt dich – in allen Facetten deines Seins? Wie lange schon hast du deinen Körper nicht mehr verwöhnt und ihm damit gedankt, dass er sich deinem Selbst täglich für alle möglichen Erfahrungen zur Verfügung stellt? Du bist eins mit ihm, ihr seid verbunden.

Die Kraft der Rune BERKANA lädt dich ein, dich für eine Aktion zu entscheiden, mit der du dir etwas Gutes tun kannst. Bist du schon jetzt in der Lage, dir dies zu gönnen? Wenn nicht: Was müsste geschehen, damit dies möglich wäre? Kannst du dies bewerkstelligen? Wenn nicht: Wer könnte dir helfen? Solltest du Hilfe benötigen, ziehe in Betracht, deinen Altar für diese Aufgabe herzurichten, damit dich BERKANA mit aller Kraft begleiten und unterstützen kann.

Wenn du jetzt schon in der Lage bist, dich zu verwöhnen, zögere nicht, dir dies zu gönnen, und genieße es. Schenke dir die Zeit mit dir selbst – um deinetwillen.

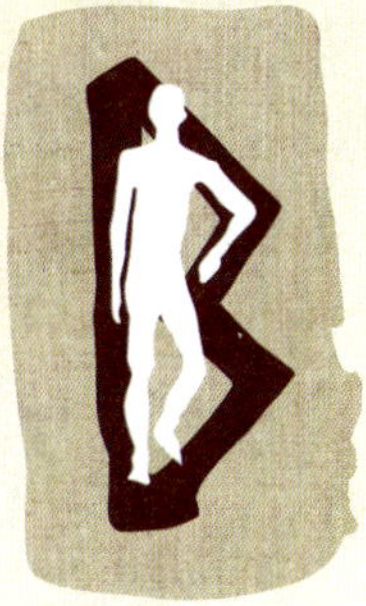

TÄGLICHE ÜBUNG

Stelle dich aufrecht hin, Richtung Osten gewandt, die Füße dicht beieinander. Lasse zunächst deine Arme locker neben dem Körper herabhängen. Atme ruhig und gleichmäßig. Entspanne dich, zentriere dich über deinen Atem.

Stemme deine linke Faust in die Taille, und hebe gleichzeitig deinen linken Fuß leicht an, drehe das Knie zur Seite, und lege die Fußsohle an die Innenseite deines rechten Beins, kurz oberhalb des Knöchels. Sprich dabei »BER«. Halte die Position für einen Moment, und sprich dabei »KA«. Bringe Arm und Bein wieder in die Ausgangsstellung zurück, und begleite dies mit »NA«. Führe diese Bewegungsabfolge neun Mal durch. Spüre während der Übung in dich hinein, und lasse alle Emotionen zu, die sich dir zeigen.

EHWAZ

Buchstabe:	E
Element:	Erde
Farbe:	Grün
Mineral:	Saphir
Tierwelt:	Pferd, Schwan
Pflanzenwelt:	Pappel, Huflattich
Traditioneller Bezug:	Pferde, Sleipnir (Odins Streitross)
Eigenschaften:	harmonische Beziehungen, Vertrauen in andere Menschen, Bewegung in der Entwicklung, Fortschritt

Bedeutung der Rune

Die auffälligste Kraft der Rune EHWAZ ist die Bildung von gesunden und heilsamen Beziehungen. Sie hilft dir, dich in Gemeinschaften zu integrieren. EHWAZ begleitet dich auf deinem Weg der kontinuierlichen Entwicklung. Deine emotionale Weiterentwicklung und dein Reifeprozess hin zu einem wertvollen Mitglied deiner Familie werden durch die Kraft der EHWAZ unterstützt. Mit ihrer Hilfe kannst du Kontakte knüpfen, die dich in deinem Leben positiv beeinflussen. In einer bestehenden Liebesbeziehung fördert sie Liebe und das Verständnis füreinander.

EHWAZ führt zusammen, was zusammengehört. Sie hilft dir, Fortschritt in deinen Angelegenheiten zu erreichen. Das Pferd als Krafttier der Rune EHWAZ bringt Beschleunigung in alle deine Projekte. Alles, was bisher stagnierte, kommt nun endlich wieder in Bewegung. Der Wandel bringt deine Pläne zu einem gesunden Abschluss.

Zudem gilt EHWAZ als Brücke in das Reich der Tiere. Sie öffnet die Durchgänge für die Kommunikation mit den Tieren, Krafttieren und Naturwesen.
Ein Anhänger mit der Rune EHWAZ wirkt positiv auf Partnerschaften in allen Lebensbereichen ein: auf Liebesbeziehungen, auf Familienbande, auf Geschäftsverbindungen usw.
Im Orakel verheißt dir EHWAZ, dass du sicher zwischen den Welten reisen kannst. Selbst im Hier und Jetzt der materiellen Ebene kann sie dich auf Reisen unterstützen. Sie ergänzt dahin gehend sehr gut die Kräfte von RAIDHO. »Zwischen den Welten« kann auch bedeuten, dass du in neue Kulturen hineinschnuppern und eintauchen sollst. Erweitere deinen Horizont, lerne neue Menschen und neue Traditionen kennen.

RITUAL

EHWAZ fördert heilsame und gesunde Beziehungen. Aufgrund dieser Eigenschaft gelingt es ihr auch, unglückliche oder disharmonische Beziehungen zu reinigen und zur Heilung zu bringen. Der kürzeste Weg zur Heilung wäre die direkte Aussprache. Was ist jedoch, wenn eine der beiden beteiligten Parteien dazu noch nicht bereit oder fähig ist? Es sollten trotzdem die Möglichkeiten geschaffen werden, die Disharmonie aufzulösen.

Errichte einen Altar für die Heilung dieser zwischenmenschlichen Beziehung. Suche dir einen Platz dafür, der möglichst vor der Berührung durch Haustiere und Familienmitglieder geschützt ist. Bei diesem Altar ist es besonders wichtig, dass nur du Veränderungen durchführst. Lege darauf ein schönes Tuch aus. Stelle eine hübsche Kerze, möglichst in Rosa oder Rot, darauf. Du kannst die Entwicklung zusätzlich durch einen Rosenquarz unterstützen: Er wirkt sich positiv auf die Schwingung der Liebe aus. Wenn du magst, stelle eine oder mehrere Blumen hinzu. Zeichne auf einen kleinen Zettel die Rune EHWAZ, und lege ihn mit auf den Altar. Gibt es ein besonderes Ereignis, das die Beziehung, um die es dir geht, beschwert? Gibt es dazu passend einen Gegenstand, ein Bild, einen geäußerten Satz oder sonst etwas? Lege all dieses auch auf den Altar. (Schreibe eine etwaige Äußerung dafür auf einen Zettel.)

Hast du ein Foto der anderen Person? Wenn nicht, erschaffe dir einen Stellvertreter. Vielleicht hast du noch etwas in deinem Besitz, was euch verbindet. Nimm nun in die eine Hand ein Foto oder einen Stellvertreter von dir und in die andere Hand das Foto oder den Stellvertreter der anderen Person. Stelle dich vor den Altar, schließe die Augen, und atme ruhig tief und ein und aus. Formuliere in eigenen Worten mit geschlossenen Augen, dass die Beziehung zwischen der anderen Person (nenne ihren Namen) und dir geheilt werden möge, sodass der Konflikt und die Spannungen Auflösung finden und jeder von euch in Harmonie seinen Lebensweg gehen kann. Atme noch einmal tief ein und aus, und lege beide Gegenstände oder Fotos, die du in den Händen hältst, irgendwohin auf den Altar. Führe dies intuitiv durch, ohne Absicht und Plan.

Dann öffne die Augen, und betrachte, wo sich die beiden abgelegten Dinge befinden. Lasse sie exakt so liegen. Zünde die Kerze an, und bitte darum, dass das Licht der Kerze die Situation beleuchten und so für Klarheit sorgen möge. Aus Sicherheitsgründen solltest du die Kerze nie unbeaufsichtigt brennen lassen und sie daher löschen, sobald du den Raum verlässt. Zünde sie jedes Mal aufs Neue an, wenn du dich für längere Zeit in dem Raum aufhältst. Prüfe täglich, ob die beiden Gegenstände noch so liegen, wie es sich für dich richtig anfühlt. Du darfst sie auf dem Altar hin- und herbewegen. Materie folgt dem Geist. Wie sich das Abbild der Beziehung auf dem Altar darstellt, so verändert sich die energetische Verbindung zwischen den beteiligten Personen. Du darfst auch jederzeit etwas zusätzlich auf den Altar legen oder etwas davon entfernen. Du bestimmst den Verlauf. Beobachte auch dich selbst: Was macht dieser Altar mit dir, deinen Gedanken und deinen Gefühlen? Lasse alles zu, was sich dir zeigen und sich entwickeln möchte.

Danke jeden Tag der Kraft von EHWAZ für die energetische Begleitung und Führung auf dem Weg zum Ziel. Fühle ihre Heilung und Entspannung, die du mit diesem Ritual in dein Leben einlädst. Lasse den Altar so lange bestehen, bis du das Gefühl hast, dass sich alles auf stimmige Weise gelöst hat.

TÄGLICHE ÜBUNG

Stelle dich aufrecht hin, Richtung Osten gewandt, die Beine geschlossen. Lasse zunächst deine Arme locker neben dem Körper herabhängen. Zentriere dich über deinen Atem, werde ruhig und entspannt.

Strecke beide Arme zur Seite weg, und dann senke den rechten Arm bis auf Bauchnabelhöhe ab, und hebe zugleich den linken Arm bis über Kopfhöhe an. Sprich dabei laut »EH«. Die Arme bilden nun eine Diagonale. Lege die Arme wieder seitlich an deinen Körper, und sprich dabei laut »WAZ«. Führe diese Bewegungsabfolge neun Mal durch. Der weit erhobene Arm lenkt die Aufmerksamkeit deiner Umgebung auf dich, denn du reichst nach oben. Wie fühlt es sich an, sich bemerkbar zu machen und beachtet zu werden?

MANNAZ

Buchstabe: M
Element: Luft
Farbe: Blau
Mineral: Granat
Tierwelt: Schafbock, Meise
Pflanzenwelt: Brombeerstrauch, Maiglöckchen
Traditioneller Bezug: der Mensch
Eigenschaften: Handlungsbewusstsein, Wahrnehmung der inneren Strukturen, harmonische Verbindungen

Bedeutung der Rune

Betrachten wir die Form der Rune MANNAZ, so sehen wir zwei Mal die Rune WUNJO,[23] die sich selbst gegenübersteht und deren Freude verzweifacht ist. Diese doppelte Freude steht auch symbolisch für die Freude, die zwei Menschen empfinden, wenn sich ihre Seelen aufeinander einlassen können und zusammen schwingen. MANNAZ ist die Rune, die dich in deiner Entwicklung vom Individuum zum Mitglied einer Gemeinschaft fördert. Unter ihrem Einfluss erkennst du die Zusammenhänge, die zwischenmenschliche Strukturen formen. Sie leitet dich bei allen Fragen rund um ein zufriedenes Leben innerhalb deiner Gemeinschaft. Wahrlich zufrieden kannst du aber nur sein, wenn du mit dir selbst zufrieden bist. Zu welchem Menschen hast du dich aufgrund deines bisherigen Lebensweges entwickelt? Wie kannst du dich zu deinem eigenen Wohlergehen in die

23 So könnte die Rune MANNAZ entstanden sein.

Gemeinschaft einbringen? MANNAZ unterstützt dich dabei, dein Herz, deinen Verstand und deine Seele miteinander in Einklang zu bringen und so dein Handeln mit Sinn und Ziel auf dein Wachstum auszurichten.

MANNAZ spiegelt dir dein Ich und fordert dich auf, dich mit deinen Fähigkeiten und Wünschen zu beschäftigen. Gib deine Kraft und Energie in das Erfüllen deiner Träume. Die Rune lehrt dich Mitgefühl, Menschlichkeit und Toleranz. Jeder Mensch ist einzigartig, auch du.

Durch den Einfluss der Kraft von MANNAZ bekommst du tiefe Einblicke in kollektive Zusammenhänge. Du verstehst die Notwendigkeit verschiedener Handlungen und kannst daher entscheiden, wann Handeln angebracht ist und wann Stillhalten. Deine Wahrnehmung wird immer klarer, und du begreifst, wann dein Handeln durch dein Ego und wann es von deiner Herzenskraft ausgeht. MANNAZ hält dir den Spiegel vor und lässt dich dein Inneres erkennen. Intuitiv verstehst du auch die zwischenmenschlichen Strukturen von Gemeinschaften, die in Disharmonie geraten sind.

Erstellst du dir einen Anhänger mit der Rune MANNAZ, dann verbindest du dich mit deinem kosmischen Plan. Trage ihn, und du wirst fortan intuitiv erkennen, was für dich richtig ist. Du wirst dich erinnern, und dein Verstand wird begreifen, was dein Herz dir sagt. MANNAZ setzt positive Kräfte frei und blockiert negative Einflüsse.

Im Orakel signalisiert dir MANNAZ eine weitere Chance, deinen Seelenplan ein Stück weiter zu erfüllen. Körper, Geist und Seele werden ausgeglichen, und du wirst auf deinem spirituellen Weg voranschreiten. Die Kraft von MANNAZ hilft dir, währenddessen in dir zu ruhen. Du wirst die Gesamtzusammenhänge von einer höheren Warte aus erkennen und wissen, was du zu tun hast und wie.

RITUAL

MANNAZ hilft dir, dich und deine aktuelle spirituelle Situation zu erkennen. Du kannst dich selbst überprüfen und dadurch deine weiteren Schritte klar vor dir sehen.

Hole einen Spiegel herbei, der groß genug ist, dass du deinen Oberkörper und deinen Kopf darin gut erkennen kannst. Falls du selbst nicht über einen ausreichend großen Spiegel verfügst, dann prüfe, ob du ihn dir für dieses Ritual innerhalb deines Bekanntenkreises ausleihen kannst.

Du solltest den Spiegel für dieses Ritual so aufstellen, dass du dich bequem vor ihn hinsetzen kannst. Zeichne mit einem abwischbaren Stift (z. B. mit einem Lippenstift) groß die Rune MANNAZ auf den Spiegel, sie kann gern die gesamte Fläche einnehmen. Setze dich dann so hin, dass dein Blick direkt auf den Schnittpunkt der beiden Diagonalen der Rune fällt, wenn du geradeaus schaust.

Sorge dafür, dass Telefon und Türklingel dich in Ruhe lassen. Wenn alles hergerichtet ist, kannst du dich um dein körperliches Wohlbefinden kümmern. Atme zunächst ein paar Mal tief ein und aus, und komme zur Ruhe. Stelle dir die Frage: »Wer bin ich?«, und schaue dir tief in die Augen. Halte dem Blick stand, ganz gleich, welche Emotionen oder Gedanken nun auftauchen. Alles gehört zu dir. Vielleicht

musst du sogar lachen, wenn du diese Übung zum ersten Mal durchführst. Lasse alles geschehen. Halte den Blickkontakt zu dir aufrecht. Die Augen sind das Tor zur Seele. Über den Blick in deine Augen tauchst du in dein Innerstes ein. Du wirst dich erkennen. Begegnen dir dabei negative und abwertende Gedanken über dich, dann lächle, und lasse sie vorüberziehen. Es sind nur Glaubenssätze, die dir in Kindertagen eingeimpft wurden. Du musst zuerst durch deinen antrainierten Schutzpanzer hindurchdringen, bevor du dein wahres Selbst erblicken kannst. Atme ruhig weiter. Alles wird sich ändern. Je länger du durchhältst, desto tiefer wird dein Blick. Traue dich, tief zu blicken, und du wirst dein wahres Licht sehen.

TÄGLICHE ÜBUNG

Stelle dich aufrecht hin, Richtung Osten gewandt, die Beine geschlossen. Lasse zunächst deine Arme locker neben dem Körper herabhängen. Atme ruhig und gleichmäßig. Entspanne dich.

Führe nun die Hände vor deiner Brust auf Höhe des Herzens derart zusammen, dass nur die Fingerspitzen einander berühren. Dies ist die Ausgangsstellung dieser Übung.

Ziehe nun die Ellenbogen so weit hoch, wie du kannst, wobei die Hände weiterhin vor dem Herzen bleiben. Sprich dabei laut »MAN«. Halte diese Position für ein paar Sekunden. Nimm nun wieder die Ausgangsstellung ein, und sprich dabei laut »NAZ«. Führe diese Bewegungsabfolge neun Mal durch. Diese Übung lässt deine Arme sich wie Flügel bewegen. Das fördert deinen klaren Blick für die Gegebenheiten um dich herum.

LAGUZ

Buchstabe:	L
Element:	Wasser
Farbe:	Blau
Minerale:	Opal, Perle
Tierwelt:	Hase, Ente
Pflanzenwelt:	Eberesche, Weide, wilder Knoblauch
Traditioneller Bezug:	Seen und Meere, das Urmeer
Eigenschaften:	mit dem Fluss des Lebens fließen, Loslassen, in Kontakt mit den Emotionen, Reinigung

Bedeutung der Rune

LAGUZ steht in direkter Verbindung mit dem Fluss des Lebens und damit mit deinen Emotionen. Traurigkeit und Trauer werden durch die Kraft von LAGUZ ins Bewusstsein gespült und dort gereinigt. Immer wenn du an deinem Plan oder an dir selbst zweifelst, rufe die Kraft der Rune LAGUZ an. Sie wird dich dabei unterstützen, dir deiner selbst wieder bewusst zu werden und zu erkennen, wo im Leben du gerade stehst. LAGUZ lässt dich verstehen, wie dein Unterbewusstsein arbeitet, und fördert deine Intuition. Sie hilft dir, deine emotionalen Blockaden zu erkennen. Wie eine Staumauer das Wasser zurückhält, so können diese Blockaden deine Gefühlswelt negativ beeinflussen. Du könntest emotional unter Druck geraten und unausgeglichen agieren. Mit der Kraft von LAGUZ können diese blockierten Energien wieder ins Fließen kommen.

Der Lebensfluss hat ganz unterschiedliche Abschnitte, einmal fließt er langsam und bedächtig, einmal kraftvoll und breit und einmal völ-

lig quirlig mit vielen Stromschnellen. LAGUZ lässt dich intuitiv der Situation angepasst und richtig handeln. Seelische Ausgewogenheit wird infolgedessen dein Handeln begleiten.
Wasser ist der »Saft« des Lebens. Ohne Wasser verdörrt alles. Es steht in direkter Verbindung mit dem Mond, weshalb dieser alle unsere Säfte, insbesondere unser Blut, beeinflusst.
Der Fluss des Lebens zeigt sich überall in der Natur. Sei in Harmonie mit der Schöpfung, und du wirst im Einklang mit allem sein und mit dem Fluss deines Lebens fließen. Dein Wissen wird sich wie von selbst mehren.
Ein Anhänger mit der Rune LAGUZ fördert deine Intuition. Ihre Kraft ermöglicht dir Innenschau und schafft inneres Gleichgewicht, weil du die Zusammenhänge erkennen wirst.
Im Orakel fordert dich die Rune LAGUZ auf, dein Leben auf Blockaden hin zu überprüfen und wiederkehrende negative Verhaltensweisen zu betrachten. Wo, wann und wieso bist du aus dem Fluss deines Lebens ausgestiegen? Bist du dir deines Weges bewusst?

RITUAL

LAGUZ kann die Blockaden tief in deinem Innern auflösen. Lade die Kraft dieser Rune ein, und du wirst ganz tief auf der Gefühlsebene berührt.

Wasser ist das unterstützende Element der LAGUZ-Kraft. Plane ein rituelles Duschbad für dich. Nimm dir Zeit für die Vorbereitungen. Überlege dir, welche wohltuenden Eigenschaften es haben soll, und lasse dich führen. Dies soll kein Wannenbad werden, denn das Wasser möchte an deinem Körper entlang ablaufen können.

Bevor du in die Dusche steigst, nimm wahr, wie du dich aktuell fühlst. Nimm dir dafür einen Moment lang Zeit. Wenn alles vorbereitet ist, steige in die Dusche. Bitte die Kraft der Rune LAGUZ, dich jetzt bei der Waschung zu unterstützen.

Stelle dir nun über dem Abfluss ein violettes Energiegitter vor. Dieses Energiegitter wandelt alle negative Energie, die mit dem Wasser aus dir hinaus- und von dir abgewaschen wird, in reine und freie Energie um und gibt sie dem Universum zurück. Wasser ist ein Speichermedium. Mithilfe dieses Gitters kehrt das Wasser rein und unbelastet in den Energiekreislauf zurück.

Wasche dich ganz bewusst, und lasse dabei ausnahmsweise das Wasser ununterbrochen fließen. Nimm wahr, wie dein Körper wieder mit Leichtigkeit und Geschmeidigkeit reagiert. Bitte das Wasser, alle Blockaden aufzuweichen und aus dir hinauszuspülen. Spüre die Erfrischung und die neu entstandene Anbindung an die kosmischen Kräfte.

TÄGLICHE ÜBUNG

Stelle dich aufrecht hin, Richtung Osten gewandt, die Beine geschlossen. Lasse zunächst deine Arme locker neben dem Körper herabhängen. Atme ruhig und gleichmäßig. Zentriere dich über deinen Atem.

LAGUZ symbolisiert das Wasser. Bewege nun deine Arme so, als ständest du hüfthoch im Wasser und würdest die Arme sanft nach vorn durch das Wasser ziehen. Sprich dabei laut »LA«. Führe deine Hände an deinem Körper vorbei nach hinten, und sprich laut »GUZ«. Führe diese Bewegung neun Mal durch. Spüre den Widerstand des »energetischen Wassers«, und lasse zu, dass es dich erfrischt und dir neuen Mut verleiht.

INGWAZ

Buchstabe:	NG
Elemente:	Wasser, Erde
Farbe:	Grüngelb
Mineral:	Bernstein
Tierwelt:	Schmetterling, Gans
Pflanzenwelt:	Eibe, Schilf
Traditioneller Bezug:	Erdgott Ing
Eigenschaften:	Urvertrauen ins Leben, die kosmische Gebärmutter, Fruchtbarkeit

Bedeutung der Rune

INGWAZ ist die Rune des Vertrauens. Ihre Kraft führt dich in einen Zustand des absoluten Urvertrauens, der bedingungslosen Liebe und des Schutzes zurück. INGWAZ wirkt wie eine »kosmische Gebärmutter«, in die du alles hineingeben kannst, was Wachstum erfahren soll. Sie leitet dich an, positive Gedanken zu formen und dadurch deinen Lebensweg entsprechend zu gestalten.

Die Wirkkraft von INGWAZ macht auf den ersten Blick einen ruhigen, eher unspektakulären Eindruck. Doch ihr Tiefgang und ihre Besonnenheit bewahren dich davor, dass du dich im Alltag verlierst. Sie gibt dir den heiligen Schutzraum des Reinen. INGWAZ leitet Neuanfänge ein und bringt Mut für neue Vorhaben.

Brauchst du Ruhe und Abgeschiedenheit, umgib dich mit dem Schutz der Rune INGWAZ. Sie verhindert, dass du bzw. deine Energie von anderen Lebewesen wahrgenommen wird. Dieser Schutz eignet sich

besonders für magische Arbeiten. INGWAZ errichtet um dich herum einen Schutzraum, der dich vor schädlichen Energien bewahrt.
Auf deinem spirituellen Weg ist dir INGWAZ immer eine gute Vertraute, mit der du tief in die Mysterien der Schöpfung eintauchen kannst. Je intensiver du dich mit der Kraft der INGWAZ beschäftigst, desto stärker lodert dein inneres Feuer und desto wissender wirst du. Du wirst auf diese Weise deinen spirituellen Weg erkennen und gehen. INGWAZ schenkt dir das Selbstvertrauen, immer richtig zu handeln.
Ein Anhänger mit der Rune INGWAZ bringt dir innere Ruhe und Selbstvertrauen. Sie lässt dich spüren, dass du alle Zeit der Welt für deine Überlegungen, Pläne und Projekte hast.
Zeigt sich die Kraft von INGWAZ in deinem Orakel, hast du noch mehr Zeit für deine Projekte, als du geglaubt hast. Du solltest in die Stille gehen und dir Zeit nehmen, deine Projekte zu planen. INGWAZ wird dir zeigen, wann die Zeit reif ist, deine Projekte ins Außen zu bringen und öffentlich zu machen. Bis dahin braucht das Ganze jedoch noch Ruhe und Zeit zur Entwicklung.

RITUAL

INGWAZ kann dich wunderbar bei Projekten unterstützen, die noch in der Entwicklung sind und besondere Beaufsichtigung benötigen, unabhängig davon, ob diese Tage, Wochen, Monate oder vielleicht sogar Jahre währen wird. Wie eine Gebärmutter umschließt die Rune INGWAZ dein Projekt und erschafft so einen heiligen Schutzraum, in dem sich alles geborgen entwickeln kann.

Denke über dein Projekt nach. Was könnte für seine Entwicklungsphase als Stellvertreter dienen? Dieser Stellvertreter sollte deinem Ziel möglichst ähnlich sein. Wenn du etwa ein Auto kaufen möchtest, die Zeit bzw. die Umstände dafür aber noch nicht reif sind, dann solltest du dir ein genaues Abbild dieses Autos besorgen.[24] Wenn du kein Abbild finden kannst, dann notiere dir eine möglichst exakte Beschreibung des Zieles.

Nimm dir nun ein großes Blatt Papier zur Hand, und zeichne die Rune INGWAZ darauf, möglichst in Zinnoberrot, der traditionellen Farbe der Runen. Der Innenraum der Rune sollte so groß sein, dass er den gewählten Stellvertreter umschließen kann.

An welchem Platz in deinem Zuhause könnte dieses Blatt auch über einen längeren Zeitraum geschützt liegen bleiben, ohne dein Alltagsgeschehen zu irritieren oder zu behindern? Bedenke auch die Bedürfnisse etwaiger Familienmitglieder. Wenn du diesen Platz gefunden hast, dann lege das Runenblatt dorthin. Platziere den Gegenstand (oder den Beschreibungszettel) inmitten der gezeichneten Rune. Rufe die Kraft der Rune INGWAZ an, und bitte, dass sie dein Projekt schützen und nähren möge, bis es voll ausgereift der Welt übergeben werden kann. Fühle dich frei, etwas zu ergänzen, wenn du im Laufe

24 Erstelle dir bzw. suche nach einer Zeichnung, einem Foto oder sogar einem Modell in der richtigen Farbe, Ausstattung usw.

der Entwicklungszeit neue Ideen dazu hast, oder den Stellvertreter gegen einen neuen auszutauschen, der besser zur aktuellen Situation passt. Es ist dein Projekt, und du darfst es nach deinen Bedürfnissen formen. Wenn du Zweifel hast, warte noch einen weiteren Tag, bevor du etwas änderst. Prüfe dann, ob es sich nicht einfach nur um negative Glaubenssätze oder Ängste handelt.

Löse diese Formation erst auf, wenn dein Projekt wirklich fertiggestellt ist. Danke der Rune INGWAZ für ihre Energie und ihren Schutz.

TÄGLICHE ÜBUNG

Stelle dich aufrecht hin, Richtung Osten gewandt, die Füße dicht beieinander. Lasse zunächst deine Arme locker neben dem Körper herabhängen. Atme ruhig und gleichmäßig.

Hebe deine Arme seitlich entlang des Körpers hoch, und führe deine Fingerspitzen oberhalb deines Kopfes zusammen, die Ellenbogen zur Seite gerichtet. Sprich dabei laut »ING«. Senke dann deine Arme wieder seitlich herab, und sprich dabei laut »WAZ«. Führe diese Bewegungsabfolge neun Mal durch. Kannst du den Schutz der göttlichen Mächte spüren, der sich durch deine Hände wie ein Schutzdach über dir aufbaut? Du bist nun geschützt und geborgen unter dem Dach der Rune INGWAZ.

DAGAZ

Buchstabe:	D
Elemente:	Luft, Erde
Farbe:	Hellblau
Mineral:	Chalcedon
Tierwelt:	Schmetterling, Zaunkönig
Pflanzenwelt:	Eiche, Augentrost
Traditioneller Bezug:	das Licht, der Tag, der Morgen- und Abendstern
Eigenschaften:	Anbindung an die Höchste Quelle, höhere Wahrnehmung, Erleuchtung, Wissen, Seelenerweckung, Kommunikation mit der Höchsten Quelle

Bedeutung der Rune

Mit der Kraft der Rune DAGAZ bekommst du Zugang zum Wissen aus der Höchsten Quelle. Die Lemniskate, wie die »liegende Acht« genannt wird, erinnert an eine runde Form der Rune DAGAZ. Die Lemniskate steht für den immerwährenden Kreislauf, die Unendlichkeit. DAGAZ steht für das Wyrd, das unendliche Wissen, das alles umfasst, was zur Verfügung steht und jemals verfügbar war. Mithilfe der Rune DAGAZ kannst du dich mit diesem Wissen verbinden. Dank ihrer Kraft wirst du alle Antworten auf die Fragen über dein Sein und Handeln finden. Sie vernetzt dein Höheres Selbst mit deinem bewussten Selbst. Sie verknüpft das Innen mit dem Außen und bringt dir so die Mysterien des Lebens nahe. Du bekommst Erkenntnisse aus der tiefen Ruhe des Einfach-Seins.

DAGAZ ist keine Rune des Handelns. Stille und Ruhe bringen dich zur Quelle zurück. Sitze still, ruhe in dir, und warte – warte auf die Erkenntnis, auf die Klarheit, auf die schlichte Antwort der großen Wahrheit. DAGAZ ist weder eine Rune für alltägliches Geplapper noch verleiht sie Kräfte für die Bewältigung des Alltags. Sie ist die Runenkraft, die dich das Licht deiner Seele spüren und dich sehen lässt, wo dein Platz im Leben und wie dieser gestaltet ist.

Die lichtvolle Wahrheit wird deine Lehrerin sein. Bleibe der Wahrheit treu. Nutze die feine Qualität von DAGAZ, und ziehe dich immer wieder in die Stille zurück. Dass die Geistige Welt über die Rune DAGAZ zu dir spricht, ist kein Verdienst deines Egos, sondern deines lichtvollen Herzens. Bleibe bescheiden. Dieser Kontakt öffnet sich nur, wenn du die Wahrheit erfahren möchtest. Hier gilt: ganz oder gar nicht. »Nur ein bisschen Kontakt« geht nicht. Bist du imstande, die Wahrheit zu verkraften und dein Erwachen anzunehmen, so wirst du durch die Arbeit mit DAGAZ dein Seelenheil finden.

Ein Anhänger mit der Rune DAGAZ fördert dein spirituelles Erwachen. Die Gegensätze der Welt, etwa Tag und Nacht, Freude und Kummer, Leben und Tod, werden durch die Rune DAGAZ zu gleichwertigen Polen eines großen Ganzen verbunden. Sie führt dich zur Quelle des Glücks und bringt die reine Freude in dein Leben, denn du kannst endlich die Zusammenhänge verstehen und vermeintliche

Kränkungen und Belastungen neutral bewerten und einfach vorübergehen lassen. Das Licht der DAGAZ-Kraft steht zugleich für Schutz: Es beleuchtet deinen Weg und lässt dich immer sicheren Schrittes deinen Lebensweg weiterverfolgen.

Zeigt sich die Rune DAGAZ im Orakel, so will sie dir anzeigen, dass du für die nächste Ebene der Kommunikation bereit bist. Sie will dich dazu anregen, dich um den Ausgleich der Tätigkeiten deiner linken und deiner rechten Gehirnhälfte[25] zu kümmern. Mit zunehmendem Training werden Handeln und Sein in der Kommunikation harmonisch miteinander verschmelzen. Dann kannst du immer besser Herz und Hand im Einklang nutzen.

25 Die linke Gehirnhälfte steuert die logischen Abläufe in deinem Leben. Die rechte Gehirnhälfte ist zuständig für die Entwicklung der Kreativität und der Intuition sowie für das Träumen.

RITUAL

Das volle Potenzial der Rune DAGAZ kannst du nur in der Stille erfahren. Mit fortlaufendem Training wird es dir leichterfallen, den Kontakt zur Höchsten Quelle auch im alltäglichen Leben herzustellen. Die wirkliche Tiefe jedoch findest du nur im Rückzug in die Stille. Mache es dir im Sitzen bequem. Du solltest dreißig Minuten lang entspannt sitzen können. Kümmere dich also vorher um deine körperlichen Bedürfnisse. Wenn du dich in geschlossenen Räumlichkeiten befindest, stelle sicher, dass dich weder Türklingel noch Telefon bei diesem Ritual stören können.

Wenn es dich dabei unterstützt, die Außengeräusche auszublenden, kannst du im Hintergrund eine für dich förderliche Entspannungsmusik laufen lassen. Sie sollte sehr sanft sein und nur dazu dienen, die Außengeräusche zu überspielen. Stelle dir auf jeden Fall einen sanft tönenden Wecker auf 30 Minuten ein. Er sollte sehr leise und einfühlsam klingeln, um dich nicht zu erschrecken, wenn es für dich an der Zeit ist, aus der Meditation wieder zurückzukommen.

Was möchtest du jetzt wissen? Formuliere deine Frage klar und deutlich. Notiere sie dir auf einem Zettel. Das ist wichtig: Nur wenn du am Ende noch genau weißt, wie deine Frage gelautet hat, kannst du die Antworten folgerichtig interpretieren.

Lege den Zettel so vor dich hin, dass du ihn deutlich lesen kannst. Atme nun tief ein und aus. Nimm wahr, wie du dich immer mehr entspannst. Kontrolliere deine Körperhaltung: Sitzt du wirklich entspannt? Wenn nicht, korrigiere nach.

Lies jetzt deine Frage laut vor. Visualisiere anschließend, wie sich ungefähr zwei Meter über deinem Kopf die Rune DAGAZ als goldenes Energiegebilde formt. In der Mitte, da, wo sich die beiden Diagonalen kreuzen, dreht sich eine violette Spirale. Sobald du dieses Bild stabil wahrnehmen kannst, lasse diese DAGAZ-Rune langsam nach unten schweben und dabei ungefähr die Größe deines Kopfes annehmen. Lasse sie dann weiter nach unten schweben und sich in dein Herz hineinsenken. Du hast nun Verstand und Herz durch die Kraft von DAGAZ miteinander verbunden.

Lasse nun geschehen, was für dich geschehen soll. Lausche den Stimmen in deinem Kopf, und bewerte sie nicht. Lasse alles entstehen, was werden will. Sammle die Informationen. Es mag sein, dass du sogar Szenen wie die eines Filmes vor deinem inneren Auge siehst. Meist erleichtert dies das Verstehen der Antworten. Möglicherweise werden dir sogar Zwischenfragen erlaubt. Genieße den Kontakt zur Höchsten Quelle.

Wenn du (durch den Wecker) das Zeichen für den Rückzug aus deiner Meditation erhältst, bedanke dich bei allen beteiligten Wesenheiten. Lasse die Rune DAGAZ wieder durch deine Schädeldecke hinaus- und weiter nach oben schweben und sich dort auflösen. Vertiefe deine Atemzüge. Bewege sanft deine Füße und deine Hände. Atme noch einmal tief ein, und öffne dann deine Augen.

Gönne dir danach noch eine Zeit der Ruhe und Geborgenheit. Lasse das Erlebte noch etwas nachklingen, schreibe dir die empfangene Botschaft in dein Tagebuch. Trinke danach viel Wasser ohne Kohlensäure, möglichst einen Liter, um deine Körperfunktionen wieder in Gang zu bringen.

TÄGLICHE ÜBUNG

Stelle dich aufrecht hin, Richtung Osten gewandt, die Beine geschlossen. Lasse zunächst deine Arme locker neben dem Körper herabhängen. Atme ruhig und gleichmäßig.

Überkreuze beide Arme vor deiner Brust, und lege die Fingerspitzen auf die Schulterkuppen. Sage beim Überkreuzen der Arme laut »DA«. Lege deine Arme wieder seitlich an den Körper, und sage dabei laut »GAZ«. Führe diese Bewegungsabfolge neun Mal durch. Spüre anschließend in dich hinein, denn deine Wahrnehmung wird sich schärfen, möglicherweise auch deine Wahrnehmung der Anderswelt.

OTHALA

Buchstabe:	O
Element:	Erde
Farbe:	Gelb
Mineral:	Amethyst
Tierwelt:	Schlange, Kormoran
Pflanzenwelt:	Ginster, Löwenzahn
Traditioneller Bezug:	die Heimat, die Heimstatt, die Ahnenkraft
Eigenschaften:	Erbschaft, überliefertes Wissen, Tradition, Erbe, Wissen um das innere Umfeld der Ahnenlinie

Bedeutung der Rune

Die Kraft von OTHALA ist sehr eng mit der materiellen Welt verbunden. Sie hält die Erinnerung an dein Zuhause, deine Heimat, deine Herkunft wach. Durch OTHALA zeigen sich die Strukturen deiner Familie, deiner Vorfahren und deiner spirituellen Ahnen in deinem Leben. OTHALA steht zunächst für das materielle Erbe deiner Familie wie etwa ein Haus, einen alter Hof oder ein Grundstück. Zu OTHALA gehören alle nicht beweglichen Werte oder Wertgegenstände, die nicht so leicht zu veräußern sind. Unter dem Einfluss von OTHALA werden diese Werte und Wertgegenstände an die nächste Generation weitergegeben. Auf welches Erbe kannst du innerhalb deiner Generation noch hoffen?

Die Rune OTHALA steht zudem für die Traditionen, die Überlieferungen und die Glaubenssätze deiner Familie. All dieses wird von Generation zu Generation weitergereicht, wie Staffelstäbe. OTHALA zeigt dir sowohl jene Verhaltensweisen deiner Sippe, die du ablehnst, als auch ihre positiven Prinzipien und Strukturen. Erkenne an, dass auch deine Familie über Positives verfügt und du Teil dieser Gemeinschaft bist. Du hast deinen festen Platz im Stammbaum deiner Sippe. Sie hat bis heute überlebt. Das allein ist schon Grund für Anerkennung.

Du hast neben deinen Blutsverwandten auch spirituelle Ahnen. Das sind Menschen oder Wesenheiten, die dich unterrichtet haben oder an denen du dich in deinem Wachstum orientiert hast. Dabei ist es unerheblich, ob du ihnen jemals persönlich begegnet bist. Deine Wahrnehmung ihres Verhaltens prägt dich genauso wie die Wahrnehmung des Verhaltens deiner Familie in deiner Kindheit.

Du weißt, woher du stammst, welche Wurzeln dich nähren. Diese Wurzeln geben dir Halt für deine Entscheidungen und die Klarheit der überlieferten Erfahrungen. Beschäftige dich mit deiner Herkunft. Dieses Wissen wird dich stärken und dir Rückhalt geben.

Die materielle Ebene der Rune OTHALA fordert dich auf, materiellen Wohlstand anzuhäufen. In harmonischer Weise entsteht dieser Wohlstand zum Wohle aller Beteiligten deiner Sippe. Die große Gefahr der Rune OTHALA liegt im Übermaß, das zum Erstarren führt, etwa in Gestalt einer übertriebenen Sammelleidenschaft oder eines überzogenen Geltungsbedürfnisses.

Als letzte Rune im Runenkreis zeigt OTHALA auch an, dass sich das Leben auf dieser Schwingungsebene vollendet hat. Nach einer Zeit des Feierns und Genießens folgt ein neuer Entwicklungskreis auf der nächsthöheren Ebene.

Als Anhänger getragen schenkt dir die Rune OTHALA die erforderliche Konzentration und Klarheit, um dir selbst zu begegnen. Vertraue darauf, dass in dein Leben nur das kommt, was für dich heilsam ist. OTHALA lässt dich die Bedürfnisse deines Körpers erkennen und leitet dich an, deinen Körper anzuerkennen und ihn zu versorgen.

Zeigt sich dir die Kraft der OTHALA in deinem Orakel, fordert sie dich auf, dich mit deiner Herkunft und deiner Heimat zu beschäftigen. Betrachte dein Leben von deiner Geburt bis heute, und fühle in dich hinein, wie die Verhältnisse deiner Sippe in dein Leben hineinspielen. OTHALA fördert den Bezug zu einem zu vererbenden Gebäude oder Grundstück. Du bist jetzt an einem wichtigen Punkt in deinem Leben angekommen. Prüfe, ob jetzt gerade der Zeitpunkt für einen Haus- oder Grundstückskauf gekommen ist. Es ist Zeit, dass du dir deiner Wurzeln bewusst wirst und in Dankbarkeit anerkennst, in welchen Bereichen deines Lebens du Hilfe zur Verfügung hast.

RITUAL

Wie sieht dein Stammbaum aus? Kennst du deine Vorfahren? Es macht Spaß, seine Wurzeln zusammenzutragen. Wenn du magst, fertige eine Collage von deinen Familienmitgliedern an.

Besorge dir einen großen Bogen feste Pappe, noch besser wäre Tonkarton. Wähle dir eine schöne Farbe aus. Suche Fotos von dir, deinen Kindern und Enkeln, falls du schon welche hast, sowie von deinen Geschwistern, Eltern, Großeltern, Urgroßeltern usw. Von diesen »Ebenen« deines Stammbaumes lassen sich meist noch Fotos finden. Damit du etwaige Originalfotos nicht zu zerschneiden brauchst, solltest du dir Fotokopien erstellen. Wenn für bestimmte Personen aus deinem Stammbaum kein Foto und auch keine Informationen mehr zu finden sind, fertige für jede dieser Personen ein »leeres Foto« an, und schreibe ihren »Standort« im Stammbau (Opa, Uroma usw.) darauf.

Male einen großen Baum auf die Pappe, vielleicht mit einem Ast für jede Generation. Zeichne die Rune OTHALA groß über den Baum. Schneide nun die Kopien der Fotos so zu, dass darauf die Gesichter gut zu erkennen sind. Befestige die Bilder auf dem Baum: Die Urgroßeltern ganz unten in den Wurzeln, darüber deren Kinder usw. Bei dir verjüngt sich die Linie, darüber wird sie sich wieder erweitern, falls du bereits Kinder oder Enkel hast. Schreibe die Namen der Personen unter die Bilder.

Nimm dir für den nächsten Schritt etwas Zeit. Sorge für eine liebevolle und entspannte Stimmung. Betrachte deinen Stammbaum. Was bewegt sich in dir, wenn du deine Familie so vereint siehst? Was weißt du über die Personen, die deine Sippe ausmachen? Lasse die Erinnerungen in dir aufsteigen. Erinnere dich an die »guten, alten Zeiten«. Woran erinnerst du dich bei den einzelnen Personen? Lasse dir Zeit, und fühle in dich hinein. Wie würdest du die einzelnen Familienangehörigen beschreiben? Welche Eigenschaften stehen für dich im Vordergrund? Lasse diese Fragen in dir nachklingen. Schreibe unter jedes Bild unter den Namen der Person die Eigenschaften, an die du dich erinnerst. Bedenke: Jede Person hat Schatten- und Lichtseiten. Wenn du fertig bist, lehne dich zurück, und betrachte dein Kunstwerk. Du siehst deine Wurzeln und das darin enthaltene Potenzial. In welchen Eigenschaften findest du dich wieder? OTHALA bringt ans Licht, was über viele Generationen hinweg weitergereicht wurde. Diese Stärken und Fähigkeiten, die sich wie ein roter Faden durch deine Ahnenlinie ziehen, sind die besonderen Kräfte deiner Familie. Erinnere dich an sie, wenn du in Situationen gelangst, in denen du sie gut gebrauchen kannst.

TÄGLICHE ÜBUNG

Stelle dich aufrecht hin, Richtung Osten gewandt, die Beine weit gespreizt. Lasse zunächst deine Arme locker neben dem Körper herabhängen. Atme ruhig und gleichmäßig.

Hebe nun deine Arme seitlich den Körper entlang hoch, und führe deine Fingerspitzen oberhalb deines Kopfes zusammen, die Ellenbogen zur Seite gerichtet. Sprich dabei »O«. Halte die Position für einen Moment, und sprich »THA«. Lasse deine Arme wieder seitlich herabsinken, und sprich dabei laut »LA«. Führe diese Bewegungsabfolge neun Mal durch, die Beine bleiben währenddessen gespreizt. Aus festem Stand heraus reihst du dich ein in die Linie deiner Ahnen und kehrst zurück unter ihr Dach. OTHALA lässt dich deinen Platz einnehmen.

Odins Rune

Die Leere, das Unsichtbare, das Unfassbare

In manchen Runensystemen findet sich eine leere Rune, die Odins Rune genannt wird. Sie gilt als Symbol für das »Werdende«. Sie soll die Kraft versinnbildlichen, die der nordischen Mythologie zufolge der Göttervater Odin erhielt, als ihm, neun Tage lang kopfüber am Weltenbaum Yggdrasil (zu dessen Wurzeln auch die drei Nornen sitzen) hängend, das Wissen über die Runen gegeben wurde. Als Preis dafür gab er eines seiner Augen hin. Mit dem einen Auge sieht er in die materielle Welt, durch das fehlende Auge ist er fähig, hinter die Schleier der Welt zu schauen und in die Zukunft zu blicken.

Die Leerrune enthält alles und nichts. Entweder sind alle Runenkräfte in ihr vereint, und es ist deshalb keine eindeutige Aussage möglich, oder die Antwort entsteht gerade erst aus allen möglichen Kräften. Kommt Odins Rune zu dir, bedeutet dies, dass die Antwort noch auf sich warten lässt. Es ist nicht an der Zeit, jetzt einen gezielten Runenrat zu bekommen. Die Leerrune fordert dich immer auf, zu warten und zu beobachten, wachsam die Entwicklung zu begleiten und zum richtigen Zeitpunkt erneut zu schauen und die Runen zu befragen.

RITUAL

Odins Rune fordert dich auf, Geduld zu haben. Du kannst jetzt nichts vorantreiben. »Abwarten und geschehen lassen« ist hier gefragt. Solltest du dennoch eingreifen, entstände möglicherweise ein durch dein Ego produziertes Zerrbild der Möglichkeiten. Es wäre anders als das Bild der Runen, das sich dir zum richtigen Zeitpunkt zeigen würde. Warte ab, die Runenkräfte arbeiten für dich. Folge deinem Herzen und deiner Intuition. Begrüße jeden Tag absichtslos die Runenkräfte in deinem Leben, und wenn du den starken Impuls fühlst und den Ruf wieder hörst, dann stelle die Frage erneut, und schaue, welche Runen dich jetzt unterstützen.

DANKSAGUNG

Ich danke zuerst allen Menschen, die bereit sind, sich den Runenkräften zu öffnen. Sie helfen mit, das alte und bewährte Wissen wieder ins Bewusstsein zu heben. Mein Dank und meine tiefe Verbundenheit gehen an die Runenkräfte selbst, die so viele Jahre lang geduldig warteten, bis wir Menschen wieder bereit waren, ihr Wissen zu erfahren, und die unermüdlich mit mir kommuniziert haben. Heidi und Markus Schirner danke ich für ihr Vertrauen in meine Arbeit und die vielen herzlichen Stunden des Austausches und gegenseitigen Bereicherns. Eure Arbeit ist gut und wichtig. Meinem Lektor Rudolf Scholz danke ich herzlich für die bereichernde Beratung, Unterstützung und den Feinschliff.

ÜBER DIE AUTORIN

Antara Reimann ist zertifizierte schamanische Heilerin nach den Richtlinien des »Shamanic Healing« des »Bridget Healing Centre« (T. C. O. T. S.), Glastonbury/Großbritannien sowie anerkannte Heilerin im »Dachverband Geistiges Heilen e. V.« (DGH e. V.). Seit fast 25 Jahren leitet sie das spirituelle Zentrum »Licht-Focus« mit Sitz im nördlichen Westerwald.

Antara Reimanns Wissen ist breit gefächert über viele Themengebiete. Es zeichnet sich durch praxiserprobte, eigene Erfahrungen aus. Mehrjährige Weiterbildungen in England haben sie über den Tellerrand hinausschauen und vieles gekonnt miteinander abgleichen und verbinden lassen. Ihr persönlicher Kontakt zu Angehörigen der Crow-Indianer in Montana unterstützte sie dabei, den eigenen europäischen Weg zu entwickeln.

Im Sommer 1995 erschienen zum ersten Mal die Runen in ihrem Leben und sind ihr seitdem ständige Begleiter geblieben, die ihr immer wieder mit gutem Rat zur Seite stehen. Antara Reimann ist seither auf vielen Veranstaltungen vertreten gewesen und bietet regelmäßig Runenberatungen und -analysen an. Ohne die Frage zu wissen, interpretiert sie die erscheinenden Runenkräfte und bringt sie in einen treffenden Kontext, sodass jede Frage »auf den Punkt« beantwortet wird.

Sie bietet Veranstaltungen und Ausbildungen zum europäischen Schamanismus an sowie spirituelle Bildungsreisen. Ihre Helfer aus den Geistigen Reichen sind die Eulen. Sie führen sie zu dem verbor-

genen Wissen zwischen den Welten. Es ist ihre Aufgabe, das, was heute wichtig ist, hervorzuholen und in die Sprache der Jetztzeit zu übersetzen. 2006 erhielt Antara Reimann von der Großen Göttin in Glastonbury den Auftrag, erneut den Kontakt zwischen der Großen Göttin und den Menschen herzustellen. Es folgte über viele Jahre hinweg eine intensive und bereichernde Lehrzeit. Heute arbeitet Antara Reimann als Medium für die Große Göttin und bringt deren Botschaften an die interessierten Menschen. Wichtig ist ihr dabei die Zusammenführung der weiblichen und männlichen Kräfte in harmonischer Balance, ohne Geschlechterdefinition und Machtkampf. Die von ihr organisierten und geleiteten spirituellen Bildungsreisen führen nach Glastonbury, dem Gestalt gewordenen Avalon, an den Ort, wo der Großen Göttin ganz leicht begegnet werden kann.

In ihren Büchern und Vorträgen können interessierte Menschen an diesem Wissen teilhaben und sich anregen lassen, ebenfalls mit Neugierde ihrer Spur zu folgen.

»Think globally – act locally«, so lautet einer ihrer Lebensgrundsätze. Und ein weiterer: »Betrachte die Auswirkungen des Handels aus der übergeordneten Ebene heraus. Erforsche die Wurzeln der Gegend, in der du lebst. Welche Kräfte wirken dort?« Im europäischen Teil unserer Mutter Erde geboren fühlt sie sich mit den hier wirkenden Wesenheiten und Kräften verbunden und erfüllt mit offenem Herzen und einer gehörigen Portion Humor jene Aufgaben, die für sie vorgesehen sind.

www.bit.ly/AntaraReimann
www.LichtFocus.de
www.Spur-der-Schamanen.de

REGISTER NACH RUNENNAMEN

QUELLENHINWEIS

Deiters, Jan O.: ABC der Runen-Kraft. Peter Erd 1997

Fries, Jan: Helrunar. Ein Handbuch der Runenmagie. 4. Auflage. Edition Ananael 2009

Reimann, Antara: Runenschätze – Namenskräfte. Schirner 2017

Reimann, Antara/Scholz, Roland: Runenorakel im Einklang mit den Elementen. Schirner 2018

Schmidt, Heike: Das Runen-Orakelset. Neue Erde 1998

BILDNACHWEIS

Bilder von www.shutterstock.com

Umschlag: Symbol: # 497113015 (© Tisha Ardis), Runenrad: # 546694453 (© Bourbon-88), einzelne Runenzeichen: # 511688809 (© Lucia Fox), Sackleinen auf Holz: # 237604180 (© Jozef Sowa), Wald: # 409261048 (© Guenter Albers), Runenbeutel: # 268770518 (© Irina Sokolovskaya), Pergamentoptik: # 79257886 (© javarman)

Gestaltung Innenseiten: Pergamentoptik: # 79257886 (© javarman), Randbordüre: # 128623250 (© Roberto Castillo), Runenrad: # 546694453 (© Bourbon-88), Symbol Kapiteleingang: # 497113015 (© Tisha Ardis), Hintergrund »Tägliche Übung«: # 79257886 (© javarman), Abschlussbild »Tägliche Übung«: # 596592779 (© Olha_Nahornaya), Hintergrund »Ritual«: # 230820331 (© Volodymyr Martyniuk), Abschlussbild »Ritual«: # 218733994 (© Creative Travel Projects), Stoffhintergrund Runendaten: # 585565763 (© VolodymyrSanych), Hintergrund Bemannte Runen: # 217706668 (© Phatthanit), Runen Kapiteleingang: S. 25: # 1172875621, S. 31: # 1163929174, S. 37: # 1172875627, S. 41: # 1172875645, S. 45: # 1172875636, S. 49: # 1172875615, S. 53: # 1172875630, S. 57, 67, 72: # 1166717662, S. 62: # 1172875639, S. 76: # 1172875612, S. 81: # 1166717680, S. 85: # 1172875657, S. 89, 134: # 1172875609, S. 93: # 1166717668, S. 98: # 1172875618, S. 102: # 1175159320, S. 106: # 1172875633, S. 111: # 1172875648, S. 115: # 1166717665, S. 119: # 1166717671, S. 123: # 1172875642, S. 129: # 1170355159 (alle © Inky Water)

Einzelbilder: S. 3, 4: # 208239577 (© Creaturart Images), S. 6: # 592005974 (© Irina Sokolovskaya), S. 9: # 1172875621 (© Inky Water), S. 10: # 535948036 (© Mats O Andersson), S. 13: # 286417868 (© Alexei Novikov), S. 14: # 1169456293 (© ALICE_NOIR), S. 17: # 534678670 (© Elena Pavlovich), S. 18: # 1090441661 (© Pigarev Ilia), S. 21: # 769980829 (© Vera Petruk), S. 22: # 268770557 (© Irina Sokolovskaya), S. 23, 134: # 1113040676 (© Bourbon-88), S. 24: # 359432738 (© N. N.), S. 25: # 220342672 (© Creative Travel Projects), S. 27: # 1169492728 (© ALICE_NOIR), S. 31: # 1157411167 (© Aleksey Stemmer), S. 33: # 455067778 (© Johnny Adolphson), S. 37: # 703478185 (© Ioana Rut), S. 38: # 74608138 (© Steve Byland), S. 41: # 117154852 (© Arie v. d. Wolde), S. 42: # 570009961 (© Michael Conrad), S. 45: # 389455561 (© jaroslava V), S. 46: # 716356498 (© Michal Pesata), S. 49: # 661870237 (© Nemova Oksana), S. 50: # 430745923 (© Michal Ninger), S. 53: # 1177228597 (© Ana Fidalgo), S. 54: # 497586220 (© Dima Zel), S. 57: # 723740020 (© Ian Grainger), S. 58: # 1041819340 (© Neil Burton), S. 61: # 743887045 (© Borys Vasylenko), S. 62: # 235907722 (© iravgustin), S. 63: # 1050173177 (© alexkich), S. 67: # 127183046 (© Julietphotography), S. 72: # 1179543289 (© Przemyslaw Muszynski), S. 73: # 129029633 (© outdoorsman), S. 76: # 174515675 (© iravgustin), S. 77: # 743289556 (© N. N.), S. 78: # 613588415 (© Subbotina Anna), S. 81: # 514851037 (© Katy Foster), S. 85: # 55051849 (© Tamara Kulikova), S. 89: # 71141494 (© fotohunter), S. 90: # 787749040 (© Mark Byer), S. 93: # 57727243 (© N. N.), S. 95: # 471862784 (© Brian E Kushner), S. 97: # 262115411 (© Andriy Solovyov), S. 98: # 711032962 (© Radu Razvan), S. 99: # 784094344 (© TMArt), S. 102: # 553984348 (© JanBussan), S. 103: # 423401578 (© Martin Mecnarowski), S. 106: # 599440985 (© footageclips), S. 107: # 101053345 (© Horse Crazy), S. 111: # 594517151 (© Viacheslav Rubel), S. 113: # 701719927 (© Ghost Bear), S. 115: # 554715169 (© Borisevich Sergei), S. 116: # 1030440925 (© Ivan Godal), S. 119: # 532784362 (© Igor_Koptilin), S. 120: # 1030744441 (© LedyX), S. 123: # 577672450 (© Allen Paul Photography), S. 124: # 1037960689 (© Mriya Wildlife), S. 129: # 1128455456 (© Firdes Sayilan), S. 130: # 102836363 (© Czesznak Zsolt)

Bemannte Runen bei »Tägliche Übung«: © Roland Scholz
S. 8: © Stefan Hermkes

MIT ANTARA REIMANN DIE WEISHEIT DER RUNEN …

Antara Reimann & Roland Scholz

Kartenset: Runenorakel

im Einklang mit den Elementen

39 Karten mit Begleitbuch

ISBN 978-3-8434-9112-9

Seit der Zeit der Wikinger werden Runen als Orakel und Impulsgeber auf dem Lebensweg genutzt. Dieses Kartenset erweitert die Deutungsmöglichkeiten der ältesten Runenzeichen um die Runenfamilien, die Elemente, die drei Nornen, ausgewählte Legepläne und verbildlicht sie auf intuitiv erfassbare Weise.

Antara Reimann

Runenschätze – Namenskräfte

Heilsame Runen wirken in deinem Namen

136 Seiten

ISBN 978-3-8434-1296-4

Unser Name ist das Erste, was uns unsere Eltern mit auf den Weg geben. Kaum einer weiß, dass sie uns damit gleichzeitig besondere Kräfte zur Seite stellen: Zu jedem Buchstaben unseres Alphabets gesellt sich eine Rune samt ihrer Schwingung und Energie.

Antara Reimann & Peter Eckel

Rauhnächte und die Kraft der Runen

Alte Bräuche in einer modernen Zeit

200 Seiten

ISBN 978-3-8434-1432-6

Orakel, mystische Rituale, Visionen … sie prägen die Rauhnächte, jene sagenumwobenen Nächte der Rückschau und des Ausblicks zwischen den Jahren. Von alters her werden auch die Runen befragt, denn als weise Impulsgeber ermöglichen sie tiefe Einblicke.

… UND DEN ZAUBER GLASTONBURYS ENTDECKEN

Antara Reimann

Glastonbury

Spirituell reisen zu den Kraftorten Avalons

224 Seiten

ISBN 978-3-8434-1212-4

Antara Reimann & Michael Reimann

CD: Glastonbury

Spirituell reisen zu den Kraftorten Avalons – Verbindung zur Göttin

7 Meditationen – ca. 77 Minuten

ISBN 978-3-8434-8329-2

Glastonbury – Gestalt gewordenes Avalon. Sein Zauber lässt sich nicht in Worte fassen, sondern nur erleben. Von der Abbey über den Glastonbury Tor bis hin zu Stonehenge – an all diesen Orten ist die Magie Avalons und seiner geheimnisvollen Spirits zu spüren. Die erfahrene Reiseleiterin Antara Reimann führt Sie durch die verwunschene englische Kleinstadt und deren Umgebung und macht die vielen Kraftorte anhand von tief gehenden Übungen auf allen Ebenen erfahrbar.

Schirner Verlag

Danke für deine REZENSION

- Gemeinsam sind wir mehr -

Liebe Leserin, lieber Leser,
von Herzen danken wir dir, dass du dieses Buch in den Händen hältst und es bis zum Ende gelesen hast. Das bedeutet uns, dem Schirner Verlag und seinen Autoren, sehr viel. Aus voller Überzeugung und mit Hingabe widmen wir uns seit vielen Jahren Themen, die unser aller Lebensqualität und Bewusstwerdung dienlich sind, und hoffen, einen Beitrag für eine lichtvollere Welt leisten zu können. Wenn dir unsere Arbeit gefällt, möchten wir dich bitten, dir einige Minuten Zeit zu nehmen, um dieses Buch zu rezensieren. Warum? Die meisten Menschen lesen Rezensionen, bevor sie ein Buch kaufen, da sie hierdurch einen Eindruck bekommen, ob und wie der Inhalt des Buches den Leser erreicht hat. Eine kurze Rezension ist dabei ebenso hilfreich wie eine lange, sehr ausführliche. Um es auf den Punkt zu bringen:

Eine Rezension ist heutzutage die beste Werbung für ein Autorenwerk!

Wenn du den Schirner Verlag und seine Autoren neben dem Buchkauf auch anderweitig unterstützen willst, dann bitten wir dich: Schreibe für jedes Werk eine Rezension – vielleicht als persönliche Leseempfehlung für die Buchhandlung in deiner Nähe oder online, z. B. beim Schirner Verlag. Das wäre nicht nur eine Wertschätzung für die Autoren, sondern kann dazu beitragen, dass die Verkaufszahlen steigen und der Schirner Verlag auch in herausfordernden Zeiten Bestand hat.

WIE SCHREIBT MAN EINE REZENSION?

Grundsätzlich sollte eine Rezension aus der eigenen, subjektiven Sicht geschrieben werden, da es sich um eine persönliche Meinung handelt. Du kannst in zwei Sätzen deine Gedanken zu dem Buch äußern oder eine längere Rezension verfassen. Falls du nicht weißt, wie du beginnen sollst, hier ein paar Anregungen:

- War das Buch leicht verständlich geschrieben? Wie hat dir die Sprache gefallen? Wie empfandest du die Aufteilung der verschiedenen Themen?
- War es unterhaltsam? War es deiner Meinung nach mit Herzblut und Liebe geschrieben? Wie hat es auf dich gewirkt?
- Hat es dein Herz berührt? Konntest du dich wiederfinden?
- War es tief greifend genug? Hast du viel Neues gelernt?
- Hat es gehalten, was der Titel und die Buchbeschreibung versprochen haben? Hat es deine Erwartungen erfüllt?
- Was macht das Buch besonders? Warum sticht es heraus im Vergleich zu anderen Büchern, die ein ähnliches Thema behandeln?
- Würdest du das Buch weiterempfehlen oder verschenken?

Dankeschön

lesen, fliegen, landen
Schirner Verlag